MANUEL

DE LA

PROSTATECTOMIE PÉRINÉALE

POUR HYPERTROPHIE

PAR

Le Dr Robert PROUST

PROSECTEUR A LA FACULTÉ

PARIS

C. NAUD, ÉDITEUR

3, RUE RACINE, 3

—

1903

MANUEL

DE LA

PROSTATECTOMIE PÉRINÉALE

POUR HYPERTROPHIE

MANUEL

DE LA

PROSTATECTOMIE PÉRINÉALE

POUR HYPERTROPHIE

PAR

LE Dr ROBERT PROUST

PROSECTEUR A LA FACULTÉ

PARIS

C. NAUD, ÉDITEUR

3, RUE RACINE, 3

1903

A MONSIEUR LE PROFESSEUR GUYON

MEMBRE DE L'INSTITUT

MON CHER MAITRE,

Si j'ai pu, par mes quelques publications et surtout en décrivant avec Gosset, votre élève et mon ami, le procédé qui fait l'objet de ce volume, faire un peu pour l'application de la prostatectomie périnéale, c'est à vous que je le dois. C'est bien pénétré de votre enseignement, connaissant la nature de l'obstacle prostatique que vous m'avez appris à apprécier par le cathétérisme, convaincu de son importance que j'ai comprise en étudiant les pièces de votre collection, que j'ai osé conseiller une thérapeutique aussi active.

Toujours soucieux du progrès, vous m'avez encouragé dans mes recherches, en me prodiguant cette large et bienveillante assistance à laquelle sont accoutumés vos élèves ; aujourd'hui que les résultats nous donnent raison, je suis heureux que vous vouliez bien accepter l'hommage de ce modeste travail.

7 décembre 1902.

Robert PROUST.

MANUEL
DE LA
PROSTATECTOMIE PÉRINÉALE

AVANT-PROPOS

I

Pendant longtemps la prostatectomie périnéale a paru impraticable ; plus tard elle a seulement semblé téméraire ; aujourd'hui elle appartient à ce qu'on peut appeler l'actualité chirurgicale, et de récentes discussions à la Société de chirurgie, en rappelant l'attention sur elle, ont pour ainsi dire consacré son droit de cité (1).

Mais elle reste encore une opération nouvelle et, comme telle, j'ai pensé qu'elle méritait de faire l'objet d'une publication :

Celle-ci est à la fois théorique et pratique. S'il n'est plus besoin maintenant de défendre la prostatectomie, il est bon tout au moins de vulga-

(1) Voir rapport Tuffier et discussion : *Bull. et Mém. Soc. de chir.*, 1901, t XXVII, p. 959, 972, 992, — et rapport Guinard et discussion : *Bull. et Mém. Soc. de chir.*, 1902, t. XXVIII, p. 925 et 954.

riser son emploi en expliquant les données scientifiques sur lesquelles elle est basée : voilà pour la partie théorique.

Il faut, d'un autre côté, un livre éminemment pratique permettant à tout chirurgien, si peu habitué qu'il soit à la chirurgie périnéale, de mener à bien et à coup sûr l'ablation de la prostate. Ce sont là les deux divisions principales de ce petit livre.

La première partie se compose de deux chapitres: un chapitre d'anatomie chirurgicale, un chapitre d'anatomie pathologique et de pathogénie.

En anatomie je n'ai donné que les notions strictement nécessaires pour se reconnaître dans ce qu'on appelle à tort les plans neutres du périnée et pour comprendre les conditions d'ablation de la glande; car, chose curieuse, de fausses notions d'anatomie, ou plutôt des notions faussement appliquées, faisaient considérer la prostate comme adhérente au centre du périnée, difficile à aborder, presque inaccessible : la crainte perpétuelle du rectum et des plexus périprostatiques planait au-dessus de toute opération périnéale.

Aussi il faut voir quelle était l'opinion qu'on se faisait jusqu'en ces derniers temps, en France, de la prostatectomie.

En 1890, Vignard, dans un travail excellent où il étudiait la thérapeutique de l'hypertrophie, disait :

« Nous passerons également sous silence l'extirpation totale de la prostate par le périnée que, en raison de sa difficulté et de sa gravité, on ne peut décemment proposer à un malade atteint de simple hypertrophie de la prostate (1) ». De même Prédal (2), sept années plus tard, vantant les résultats obtenus par les prostatectomies partielles par voie suspubienne, éliminait la prostatectomie périnéale en disant : « Nous ne croyons pas qu'un traumatisme de cette importance et de cette gravité puisse être risqué quand il s'agit d'hypertrophie simple de la prostate. »

L'anatomie fait justice de ces craintes imaginaires et nous montre combien simple et réglée doit se trouver l'extirpation de la prostate par le périnée : les statistiques qui commencent à être collationnées de toute part aboutissent aux mêmes résultats.

Dans le chapitre d'anatomie pathologique je me suis surtout attaché à étudier le rapport de cause à effet entre l'hypertrophie et la rétention : trop longtemps, en effet, on a cherché à rattacher la rétention à la présence d'un lobe moyen qui semblait plus accessible aux méthodes thérapeutiques : en réalité, c'est surtout aux lobes latéraux qu'est dévolu le principal rôle en même temps qu'à une modification particulière du col, toutes choses qui relèvent directement de l'acte opératoire.

Ce sont là les deux chapitres théoriques.

La partie pratique comprend trois chapitres :

L'un traite la bien difficile question des indications de la prostatectomie : j'ai tâché de montrer

---

(1) Vignard. De la Prostatotomie et de la Prostatectomie et en particulier de leurs indications. *Th.* Paris, 1890.

(2) Prédal. La Prostatotomie contre les accidents du prostatisme et en particulier contre la rétention. *Th.* Paris, 1897.

la conclusion qui se dégage des faits aujourd'hui connus, et aussi que non seulement il faut distinguer les cas à opérer, mais qu'on doit se préoccuper de l'époque de l'intervention. Aujourd'hui, en effet, à côté de la question : *Quels sont les prostatiques à opérer?* se pose celle-ci : *Quand doit-on opérer un prostatique?*

Deux autres chapitres se rapportent à l'opération proprement dite : l'un s'occupe de l'instrumentation et de la préparation du malade, l'autre du manuel opératoire et des soins post-opératoires.

Dans l'ensemble, je n'ai pas hésité à sacrifier largement le texte aux figures ; j'ai tâché de ne jamais donner la description d'une région ou d'un acte opératoire sans en mettre aussitôt le dessin en regard.

C'est ainsi que, pour mieux fixer dans l'esprit les résultats opératoires, j'ai composé à la fin du volume un court atlas avec les reproductions, grandeur nature, de quelques prostates provenant de sujets opérés et guéris.

C'est donc, on le voit, un livre surtout pratique, un véritable manuel de la prostatectomie. Aussi n'ai-je pas consacré à la partie historique ou bibliographique un chapitre qui n'aurait pas eu sa raison d'être. Mais néanmoins il me faut ici rendre hommage aux précurseurs grâce à qui la prostatectomie périnéale est devenue ce qu'elle est.

A ce titre trois noms doivent être inscrits en tête de ce travail : ceux de Dittel, d'Alexander et de Goodfellow.

Celui de Dittel d'abord, parce que c'est de son procédé de *prostatectomie latérale* que nous sommes partis en 1900, Gosset et moi, pour décrire le procédé qui est aujourd'hui communément employé en France, et que j'expose ici en détail. Aussi est-ce à Dittel que nous devons offrir comme un juste hommage le résultat de nos recherches.

Dès que j'ai cherché à passer des conceptions théoriques aux résultats pratiques et à plaider en France la cause de la prostatectomie, c'est sur les observations d'Alexander que je me suis appuyé tout d'abord : les dessins que je lui ai empruntés pour les faire reproduire dans ma thèse, en montrant l'importance des pièces enlevées, ont ici entraîné la conviction de beaucoup.

C'est également à Alexander que j'ai emprunté la première statistique de prostatectomie que j'ai publiée.

Mais, quelque attention qu'on prenne à rendre justice à chacun, on commet les oublis les plus impardonnables ; c'est ainsi que je me suis trouvé très injuste envers Goodfellow qui, dès 1891, avait donné un procédé de prostatectomie par hémisection que nous pourrions considérer comme le père du procédé que nous avons décrit, Gosset et moi, si toutefois nous en avions eu connaissance à cette époque.

Cet oubli involontaire dans lequel j'ai laissé Goodfellow s'est naturellement continué depuis, car, en fait de prostatectomie, on a surtout puisé aux sources que j'ai indiquées. Grâce à l'amabilité de M. Nicolitch, j'ai pu avoir la description du procédé de Goodfellow, et je suis heureux de pouvoir réparer aujourd'hui une injustice involontaire.

Tout le monde sait quelle vigoureuse impulsion mon maître Albarran a imprimée à la prostatectomie. Par ses succès opératoires répétés il a irréfutablement prouvé la bénignité de cette opération, et, supprimant la période de tâtonnement imposée à toute méthode nouvelle, il est arrivé à la faire entrer de plain-pied dans la pratique courante. C'est de sa communication à l'Association d'Urologie de 1901 que date en France l'acceptation par tous de la prostatectomie périnéale.

Tel qu'il est, ce petit livre rendra-t-il des services? Je l'espère. Ce que je voudrais, c'est qu'il puisse entraîner la conviction du lecteur au sujet de la nécessité de la prostatectomie, comme ma conviction propre s'est faite en trois étapes successives :

D'abord, lorsque j'avais l'honneur d'être interne à la Clinique des voies urinaires, par l'examen des pièces si démonstratives du musée Guyon ;

Plus tard, lorsque, comme prosecteur, j'eus l'occasion de disséquer plus de deux cents prostates ;

Récemment enfin, quand des maîtres et des amis voulurent bien me demander d'opérer avec eux.

Ce que je voudrais plus encore, c'est que ce petit livre puisse faciliter la tâche à ceux qui abordent la prostate pour la première fois et que les règles qu'il énonce servent à augmenter la bénignité déjà si grande de l'acte opératoire.

CHAPITRE I

ANATOMIE CHIRURGICALE

SOMMAIRE. — Distinction entre la configuration générale de la prostate et la configuration des lobes glandulaires. Individualité des lobes latéraux. Leur orientation par rapport au canal. Inclinaison de leur axe. — Leurs rapports étendus avec l'urètre, limités avec la vessie. Les fosses urétrales : leur agrandissement dans l'hypertrophie. — Constitution de la loge prostatique : c'est la capsule chirurgicale. Son décollement entraîne les vaisseaux. Cloisonnement antérieur de la loge prostatique. — La voie d'abord périnéale. Le raphé superficiel et le muscle recto-urétral. L'espace rétro-bulbaire et le cap rectal. L'espace décollable rétro-prostatique.

L'anatomie chirurgicale de la prostate présente à étudier quatre points distincts, au point de vue spécial de la prostatectomie. Ce sont:

a) La configuration générale de la prostate;

b) Les rapports de la prostate avec la vessie et l'urètre;

c) La loge prostatique;

d) La voie périnéale.

a) Configuration générale.

Si l'on consulte les ouvrages d'anatomie classique au sujet de la forme de la prostate, on y voit, sans parler de la comparaison avec un marron d'Inde, qu'il s'agit d'un cône aplati d'avant en arrière, à base supérieure coupée obliquement, à sommet dirigé en bas et en avant. L'urètre la pénétrerait par sa base, bien plus près de sa face antérieure que de la postérieure; l'axe vertical du canal croiserait en X l'axe oblique en bas et en avant de la glande et l'urètre émergerait du milieu de son sommet.

Cette description est relativement exacte lorsqu'on décrit sous le nom de prostate tout l'ensemble des tissus qui se groupent autour de la première portion de l'urètre et font plus ou moins corps avec elle; ces tissus sont complexes et bien distincts les uns des autres puisqu'il y a là, outre les parois urétrales et l'utricule prostatique, du tissu glandulaire, des fibres musculaires lisses et striées et les canaux éjaculateurs. Mais l'hypertrophie frappe les masses glandulaires à l'exclusion de tout autre tissu; c'est donc la forme exacte de ce corps prostatique glandulaire qu'il importe au chirurgien de connaître, et il s'en rendra compte, soit par la dissection, soit mieux encore par l'examen des coupes sériées de la prostate dans toute sa hauteur, telles que celles qu'Henle figure dans son Traité et qui ont été si souvent reproduites depuis.

En résumé, s'il y a classiquement un seul corps prostatique, en revanche il y a, au point de vue glandulaire, deux prostates, une gauche et une droite, réunies en arrière par une commissure glandulaire, mais séparées en avant par un noyau musculaire pré-urétral.

Voici ce qu'en dit Charpy :

« On discute encore pour savoir si les lobes latéraux se rejoignent à la partie antérieure et si la prostate est un anneau complet péri-urétral ou simplement une gouttière. Si, par prostate, on entend la partie glandulaire, il est certain qu'elle manque souvent en avant de l'urètre et qu'à l'état habituel elle ne constitue qu'un isthme étroit comparable à l'isthme thyroïdien... Outre les lobes latéraux il existe un lobe moyen ou médian, signalé par Howe, et qui est depuis longtemps un objet de contestation entre les anatomistes. Les uns nient formellement son existence, d'autres l'admettent à titre sénile ou pathologique, d'autres enfin comme normal, constant ou non. Si on appelle lobe moyen la partie comprise entre les canaux éjaculateurs et l'urètre, son existence n'est pas contestable, quelque rudimentaire qu'il puisse être, comme dans un cas où je l'ai vu de 4 millimètres seulement d'épaisseur. Sappey le dit constant; je l'ai toujours trouvé, et j'ajoute qu'il est glandulaire et non exclusivement musculaire, comme le dit Henle. La coupe le montre comme un coin enfoncé entre l'urètre et les conduits éjaculateurs (1). »

Cette dualité du système glandulaire est encore prouvée par le développement :

« Dès le deuxième mois embryonnaire, les

---

(1) Charpy. Organes génito-urinaires. Toulouse. Cassan, imprimeur, p. 155.

lobes latéraux se dessinent comme des évaginations postérieures de la muqueuse urétrale. D'abord complètement séparés, ils se fusionnent en arrière vers le quatrième ou cinquième mois. Chez beaucoup d'animaux et même de singes, les lobes restent distincts dans la vie; il y a deux prostates. De là l'erreur des anatomistes anciens qui, croyant à un même état chez l'homme, disaient « les prostates », erreur qui a persisté jusqu'au XVIIIe siècle » (1). Cette erreur anatomique est une vérité chirurgicale. Ce noyau musculaire préurétral, en effet, s'individualise de plus en plus dans l'hypertrophie, et constitue entre les deux lobes latéraux une séparation qui doit être respectée au cours de l'opération.

La netteté de cette dualité glandulaire est très apparente sur les planches de Jarjavay et de Henle.

Chacun de ces lobes présente la forme d'un ovoïde obliquement dirigé d'arrière en avant et de haut en bas. Leur grand axe prolonge celui des vésicules séminales : de leur bord interne se détache un renflement qui, en s'unissant à celui du côté opposé, forme le tissu situé au devant des canaux éjaculateurs.

L'obliquité de ces deux lobes, réunis en bas et en avant, écartés en haut et en arrière, explique la forme de cœur de carte à jouer qu'il est classique de décrire à la glande.

---

(1) CHARPY. *Ibid.*

b) Rapports de la prostate avec la vessie et l'urètre.

Si l'on fait une coupe perpendiculaire à l'urètre, on voit que les lobes prostatiques sont presque exclusivement latéro-urétraux et qu'il n'y a pour ainsi dire pas de tissu en arrière du canal, surtout en bas.

Une série de coupes échelonnées montre que la prostate est *urétrale* bien plus que *vésicale* ; elle embrasse l'*urètre* et c'est sur cet urètre ainsi entouré que vient reposer la vessie: on peut séparer la prostate de la vessie sans ouvrir celle-ci. Aussi, dans l'hypertrophie c'est bien plus une cause urétrale qu'une cause vésicale qu'il faut chercher, tout au moins primitivement, à la rétention.

Si l'anatomie nous montre la possibilité de séparer la vessie de la prostate en raison du peu d'étendue des rapports prostato-vésicaux, en revanche elle nous montre l'intimité des rapports urétro-prostatiques ; mais il est certains détails sur lesquels il est bon d'appeler l'attention.

Le grand axe des lobes prostatiques est incliné sur l'axe du canal à angle aigu, avons-nous dit, de telle manière qu'en haut ces lobes n'arrivent pas jusqu'au bord antérieur du canal, mais en bas ils le dépassent très légèrement. On voit également cette disposition en ouvrant l'urètre sur la ligne médiane après avoir disséqué chacun des lobes latéraux; on se rend compte alors de la forme exacte de l'urètre prostatique : il est formé de deux rigoles profondes, les *fosses urétrales,* creusées de chaque côté de la ligne médiane, qui pénètrent, pour ainsi dire, dans l'intérieur de chaque lobe prostatique, et dont la profondeur est en rapport avec le volume même de ce lobe; entre elles deux est le veru-montanum.

Sur une préparation analogue on peut voir la continuité de l'urètre et du plancher vésical : le mot « plancher » est mauvais, car cette portion de la vessie située entre les uretères et l'urètre est presque verticale dans la station debout, ainsi qu'on peut s'en rendre compte en examinant les coupes de Braune (1).

La paroi vésicale et la paroi urétrale postérieures, dont la parenté embryologique est si grande, se continuent presque directement l'une avec l'autre, du moins sur les coupes exactement médianes, et, s'il en est autrement sur la plupart des dessins, s'il y a un angle aussi prononcé à l'union de ces deux parois, c'est que bien souvent la coupe est para-médiane et intéresse une fosse urétrale. Pierre Delbet (2) a dit avec raison qu'il n'y a presque pas d'espace rétro-urétral à l'état normal. En vérité, le plancher vésical est sus-urétral, et c'est son extrémité inférieure qui arrive au col : il en résulte que, vue d'en haut, la vessie prend la forme d'un entonnoir qui aboutit directement à l'urètre, mais d'un entonnoir aplati, d'un entonnoir à deux

---

(1) Braune. Atlas. Pl. I.

(2) Pierre Delbet. Quelques recherches anatomiques et expérimentales sur la vessie et l'urètre. *Annales des maladies des organes génito-urinaires*, 1892.

faces. Ce sont les deux faces de cet entonnoir aplati qui viennent en contact lorsque la vessie se vide ; elles ne laissent ainsi subsister que le diamètre transverse, comme l'a démontré le Professeur Guyon.

Cette disposition en plan incliné nous fait comprendre comment la vessie normale, se contractant sur son contenu, ouvre elle-même son col ; elle en produit *l'effacement*.

Normalement donc, les urines tombent de l'uretère au col. C'est pour cette raison que la cloison artificielle la plus simple permet, en empêchant leur convergence, de les recueillir séparément.

c) La loge prostatique.

La prostate est entourée de toutes parts d'aponévroses qui l'encadrent et la fixent au milieu du périnée, formant ainsi ce qu'on appelle la loge prostatique. Enchâssée par sa loge, la prostate est là comme une dent dans son alvéole ; mais, chose capitale, la prostate se laisse aisément isoler des parois de sa loge sauf en quelques points et cette particularité assure la simplicité de la prostatectomie en permettant une parfaite énucléation glandulaire.

Au point de vue chirurgical, on appelle la loge la « capsule prostatique » ; le mot fait image et fait bien comprendre l'importance de la décortication.

Classiquement (1), la loge prostatique ou capsule

---

(1) ALBARRAN et MOTZ. *Annales génito-urinaires*, juillet 1902.

de Retzius est formée de la manière suivante : en avant par la lame préprostatique, lame qui, insérée en bas sur le bord postérieur du ligament transverse du pelvis, atteint en haut les fibres longitudinales antérieures de la vessie et leur adhère ; latéralement par les aponévroses latérales de la prostate ; en arrière par l'aponévrose prostato-péritonéale. Cette capsule est incomplète : en haut, où un tissu cellulaire dense sépare la partie postérieure de la prostate de la vessie, tandis que la partie antérieure adhère intimement au col ; — en bas, où une couche celluleuse sépare le sommet de la prostate des plans musculaires du périnée.

Cette description est claire et simple, mais elle a l'inconvénient de rapprocher dans une description commune, comme des formations anatomiques de même nature et de même valeur, des lames fibro-musculaires en réalité très différentes les unes des autres par leur origine, leur signification, et surtout leur importance chirurgicale. La lame antérieure préprostatique tout d'abord n'a pas cette individualité que certains lui accordent ; elle se continue avec les lames latérales au point que la loge prostatique est bien plutôt triangulaire, avec un angle arrondi en avant, que quadrangulaire.

Pour l'aponévrose prostato-péritonéale, dite de Denonvilliers, nous savons, depuis les travaux de Cunéo et Veau, que c'est un fascia d'accolement (1) ;

(1) Cunéo et Veau. De la signification morphologique des aponévroses périvésicales. *Journal de l'Anatomie*, année 1899, n° 2, mars-avril.

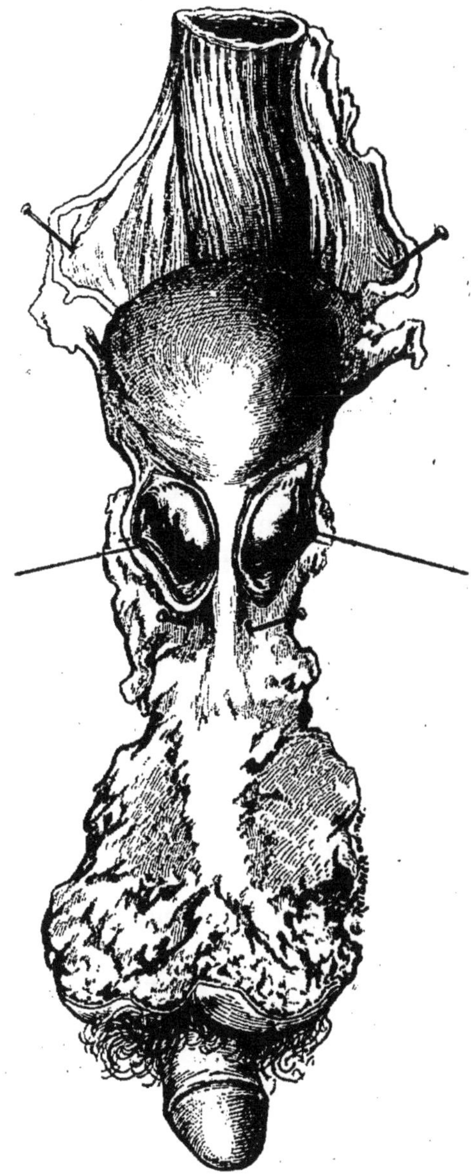

Fig. 1. — Loge prostatique ouverte en avant de chaque côté de la ligne médiane. On voit les lobes latéraux libres sur leurs faces externes et antérieures, appendus par leur extrémité supérieure.

il est possible de le dédoubler en ses deux feuillets primitifs, la lame génitale et la lame rectale : la première seule appartient à la loge prostatique. Cette lame fibreuse, placée de champ, et qui est le reste d'un revêtement séreux, est quelque chose de différent des lames latérales.

Celles-ci sont de véritables gaines vasculaires, abondamment mêlées de fibres lisses, et renfermant les nombreuses veines de la région ; Charpy leur décrit même deux feuillets, l'un situé en dedans des veines, l'autre en dehors.

En tout cas, c'est un fait indiscutable anatomiquement et de première importance chirurgicale, fait sur lequel j'ai déjà eu l'occasion d'insister (1), que les plexus péri-prostatiques sont logés dans l'épaisseur même des lames qui longent la glande. Lors donc qu'on a incisé en arrière la loge et qu'on essaye d'en isoler les parties latérales, on trouve, au contact même de la glande, un plan de clivage laissant en dehors de lui ces lames et les veines qui y sont contenues. La même disposition anatomique existe au niveau du rein comme au niveau du corps thyroïde et a la même conséquence chirurgicale.

Écartées en arrière, ces lames latérales convergent en avant au point de venir s'unir pendant que les veines y contenues s'unissent également pour former le plexus de Santorini.

---

(1) Proust, *Thèse*, Paris, 1900. Prostatectomie périnéale totale, p. 10.

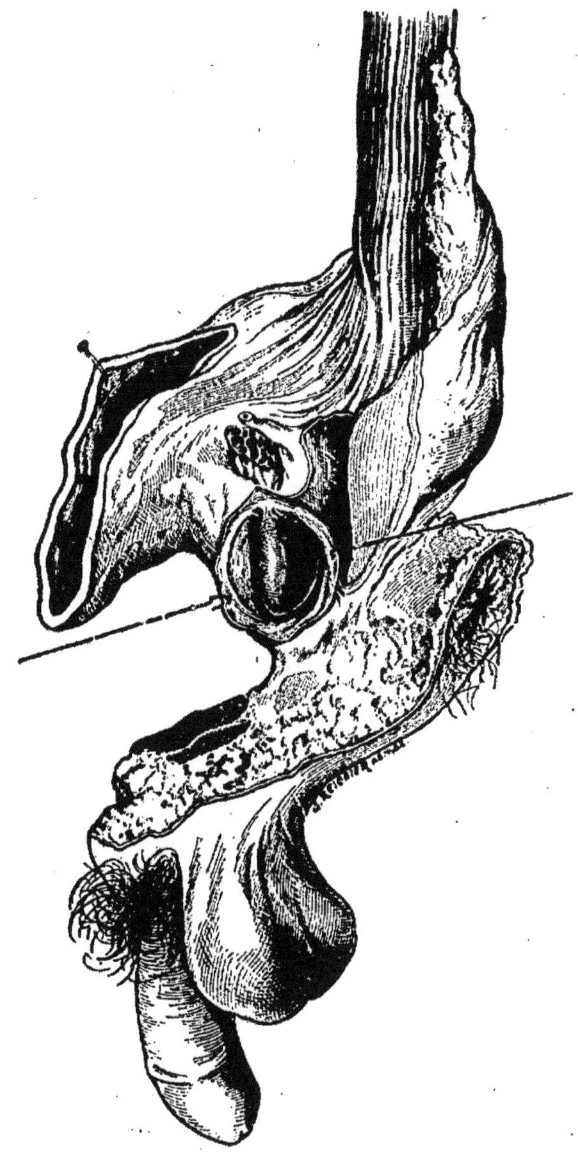

Fig. 2. -- Loge prostatique ouverte par sa partie latérale. En haut, la vésicule séminale. En arrière, se trouvent striés longitudinalement les deux feuillets de l'espace décollable.

Aussi la loge prostatique, limitée par ces lames convergentes, est-elle plutôt triangulaire que quadrangulaire ; elle est formée par l'écartement de deux lames vasculaires entre lesquelles est venu descendre un cul-de-sac séreux. De l'angle antérieur arrondi (fig. 3, page 25) se détache une série de trousseaux musculaires qui viennent adhérer au noyau musculaire pré-urétral que nous avons décrit plus haut : ainsi se trouve créé un septum médian, véritable *médiastin périnéal* (Gosset) qui divise cet espace en deux cavités prostatiques dont chacune est remplie par un des lobes glandulaires.

Le développement que nous avons vu tout à l'heure nous explique aussi cette manière de voir : les deux lobes viennent tasser en avant cette gangue musculaire. La création de chaque loge par chaque lobe est encore exagérée dans l'hypertrophie et l'augmentation du volume de l'extrémité antérieure du lobe crée une véritable cupule qui le reçoit.

Cette division de la loge prostatique en avant est si nette que quand, sur un sujet normal, on fait une fenêtre à chacun des côtés de la loge prostatique (fig. 1, page 21), on peut, en continuant le décollement amorcé à ce niveau, passer sur les côtés et en arrière de la prostate ; on peut aussi découvrir l'extrémité antérieure des lobes latéraux, mais on ne franchit pas l'isthme médian (fig. 2, page 23). Là encore l'anatomie et la chirurgie concordent. De fait, au cours de la prostatectomie périnéale, lorsqu'on a extirpé chacun des lobes de la loge qui le contient, les doigts, enfoncés de

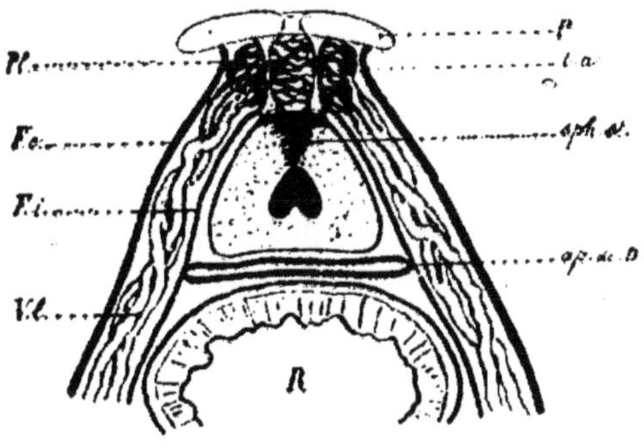

FIG. 3. — Schéma de la loge prostatique.
P, pubis; *Pl*, plexus de Santorini; *t. a.* tendons antérieurs de la vessie; *V. l.* veines latéro-prostatiques; *F. e.* et *F. i.* feuillets externe et interne de la lame qui les contient; *sph. st.* sphincter strié; *ap. de D.* aponévrose de Denonvilliers avec ses deux feuillets; *R.* rectum.

chaque côté de l'urètre, viennent sentir au devant de lui le septum médian qui les sépare, et qu'on doit respecter.

d) La voie périnéale.

Il nous reste maintenant à faire l'étude des différents plans qu'il faut traverser pour aborder la prostate. Le périnée — le mot pris dans son acception la plus large — est formé par l'ensemble des parties molles qui, à la manière d'un diaphragme, viennent fermer inférieurement le contour osseux du petit bassin. Il comprend l'ensemble des muscles annexés aux deux systèmes qui sortent par cette partie inférieure du bassin : le système uro-génital, et le rectum. Au point de vue spécial qui nous occupe deux études sont à faire :

a) L'étude topographique de la superposition des plans en allant de bas en haut, et de l'adossement des deux systèmes en allant d'avant en arrière ;

b) L'étude séparée du périnée antérieur, de la musculature rectale et de l'espace inter-prostato-rectal.

La superposition des plans au niveau du périnée antérieur est la suivante : au-dessous de la peau se trouve l'aponévrose superficielle recouvrant le bulbe engainé des bulbo-caverneux sur la ligne médiane et les ischio-caverneux sur les parties latérales. Cette aponévrose, qui disparaît sous le scrotum en avant, vient en arrière se réfléchir derrière le bord postérieur des muscles transverses superficiels pour arriver à l'aponévrose moyenne, au diaphragme uro-génital. Par sa réflexion elle forme une loge, loge inférieure de l'infiltration d'urine, la loge ischio-bulbaire ; c'est aussi une loge vasculaire : elle contient les branches antérieures de la honteuse interne. Dans cette loge se trouvent, nous l'avons dit, le bulbe, les muscles ischio-caverneux, les transverses superficiels. Ceux-ci dessinent par leur bord postérieur une courbe concave en arrière et sous-tendent ainsi la réflexion de l'aponévrose superficielle ; ils « tendent la main », en quelque sorte, vers l'ischion pour aller chercher l'artère honteuse interne à sa sortie de la gaine de l'obturateur interne ; ils lui permettent de venir directement

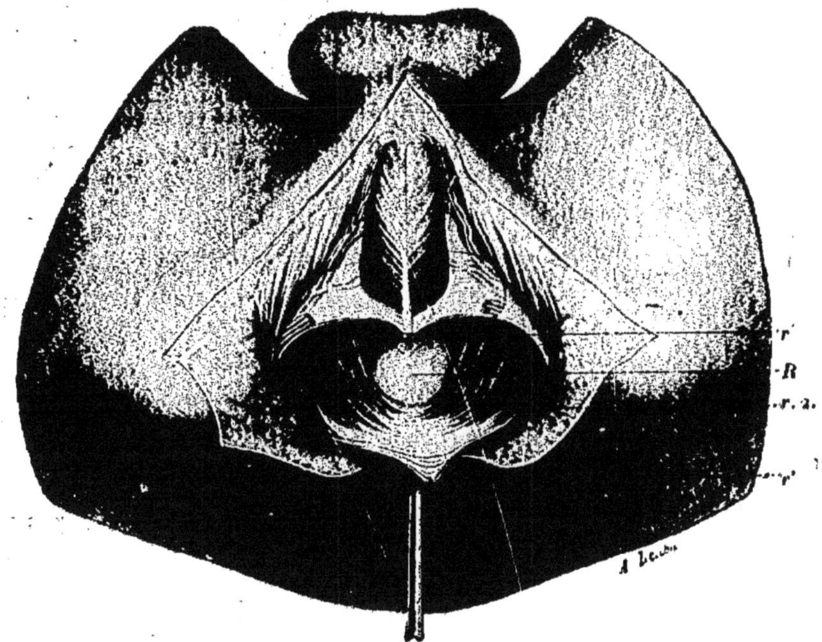

Fig. 4. — Préparation anatomique du périnée : le raphé superficiel ano-bulbaire *rr'* a été sectionné, et le rectum *R* porté en arrière entraînant avec lui les releveurs de l'anus *r. a.* ; en avant est le périnée antérieur intact.

s'épanouir en éventail, en périnéale superficielle, bulbaire, caverneuse, urétrale, enveloppée par cette aponévrose cache-vaisseaux (fig. 4, page 27).

Au-dessous de ce premier plan triangulaire s'en trouve un deuxième, le diaphragme uro-génital, formé du sphincter de l'urètre membraneux et de tractus fibreux entre-croisés : c'est le plancher de la loge prostatique.

La superposition de ces deux plans triangulaires forme le périnée antérieur ; mais il n'est pas complètement individualisé : du milieu du bord postérieur de chacun de ces plans part une formation qui se dirige en arrière vers le rectum, véritable « *agrafe* » qui établit la solidarité des deux portions du périnée (fig. 5, page 29). C'est autour du rectum, en effet, que se groupent les diverses parties du périnée postérieur.

Le rectum se dirige tout d'abord parallèlement au coccyx, d'arrière en avant ; et, arrivé au bec de la prostate, il se coude à *angle droit* pour se diriger en arrière et venir s'ouvrir à l'anus.

Ce coude, le « *cap rectal* », suivant une heureuse expression, est excessivement important : produit aux dépens de la seule paroi antérieure, il vient former à la *vessie fécale* un véritable *plancher,* et, lorsque la prostate est grosse, il s'insinue sous elle très en avant ; il est maintenu là par une formation très solide, le muscle recto-urétral de Roux, qui se dirige en avant pour se souder au bord postérieur de l'aponévrose moyenne : celle-ci, de ce fait, prend une forme losangique et ses bords postérieurs, arrondis par le muscle qui

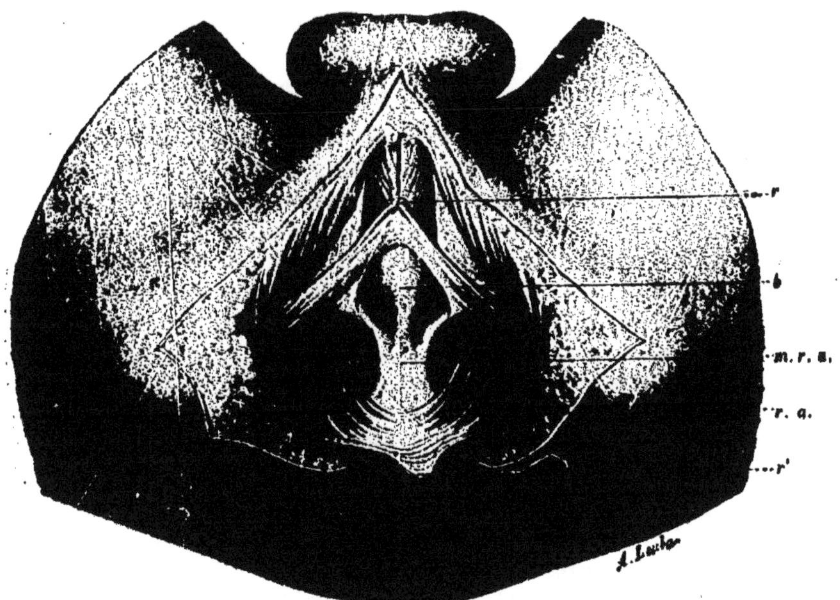

Fig. 5. — Préparation anatomique du périnée : la pointe antérieure *r* du raphé *rr'* a été portée en avant, retournant le bulbe *b* et les transverses superficiels qui en partent : on voit entre les releveurs *r. a* l'union du rectum et de l'urètre par le muscle recto-urétral *m. r. u.*

les tend, viennent former deux *arcades semi-lunaires* (fig. 6, page 31). C'est par-dessus ces arcades que s'engagent les faisceaux antérieurs des releveurs de l'anus pour s'insérer au pubis ; l'obliquité de ces faisceaux fait que c'est dans leur écartement qu'on voit le muscle recto-urétral avec les arcades qui s'en détachent (1).

Au-dessous du muscle, le rectum se dirige en arrière pour former avec l'urètre le triangle urétro-rectal ; dans l'aire de ce triangle, l'extrémité postérieure du bulbe est simplement adossée au

---

(1) Voir au sujet du muscle recto-urétral: Guinard et Proust. — « Prostate hypertrophiée enlevée par prostatectomie périnéale. » *Bulletin de la Société anatomique.* 1902, février, p. 211.

Gosset et Proust. — « Le muscle recto-urétral. » *Bulletin de la Société anatomique*, 1902, mai, p. 425. C'est à ce travail que sont empruntées les figures 4, 5, 6 et 7 ainsi que les notions qui suivent.

Hartmann. — « Rapport. » *Bulletin Soc. chirurgie*, 5 août 1902, n° 29, p. 880 et figure.

Gérard-Marchant. — Prolapsus du rectum. *Bulletin Soc. chirurgie*, 5 août 1902, n° 29, p. 889.

. Mercier (Étude sur l'anatomie du rectum et de l'anus. *Gaz. hebdom. de méd. et chir.* ; 1857, p. 215) avait bien vu cette union du rectum et du diaphragme uro-génital. Montrant en effet la constitution de l'aponévrose moyenne il dit : « *Aucun anatomiste n'a cherché à établir d'une manière précise les rapports de cette aponévrose avec le rectum.* M. Sappey, qui l'a essayé, a commis une erreur évidente lorsqu'il a dit que la partie moyenne de sa face supérieure est en rapport avec la face inférieure de la prostate, qu'elle sépare du rectum (Rech. sur l'urètre, p 43) ». Après avoir au contraire montré qu'elle s'insère au coude rectal en lui formant un véritable ligament antérieur, Mercier ajoute : « *De là vient que la dernière courbure du rectum ne peut s'effacer, que sa paroi antérieure ne peut se rapprocher de la postérieure* et que, par conséquent, sa cavité forme constamment une ampoule inférieurement ».

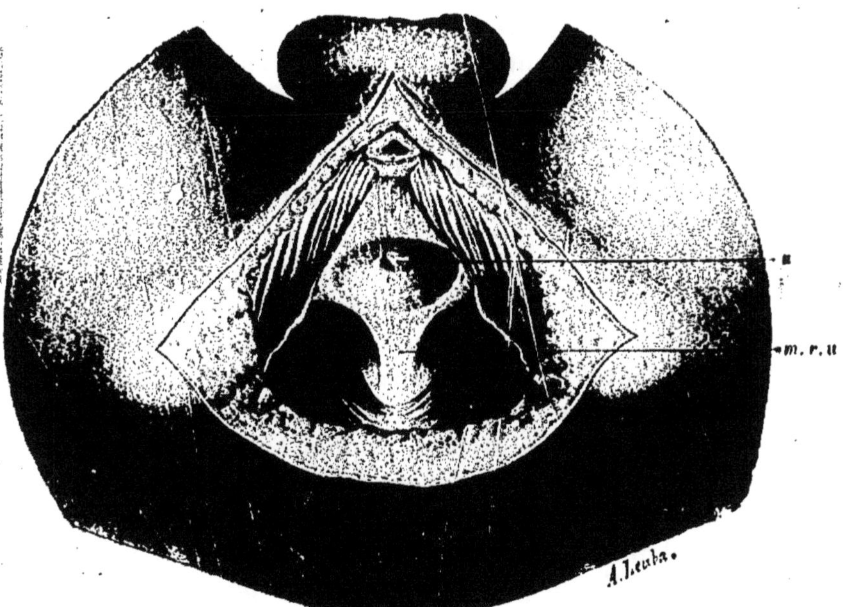

Fig. 6. — Préparation anatomique du périnée. Le périnée antérieur superficiel a été complètement enlevé : on voit le diaphragme uro-génital perforé par l'urètre *u* et son union avec le muscle recto-urétral *m. r. u* formant les arcades semi-lunaires périnéales.

rectum et son facile décollement est assuré par la réflexion de l'aponévrose périnéale superficielle que nous avons signalée plus haut. Mais cet adossement est limité inférieurement par un enchevêtrement musculaire. Superficiellement, en effet, les fibres antérieures du sphincter externe de l'anus viennent s'unir aux fibres des muscles bulbo-caverneux en formant le raphé superficiel. Entre ce raphé et le muscle recto-urétral, limitée en arrière par le rectum, se trouve la *loge bulbaire* au sens chirurgical, ou mieux l'espace *décollable rétro-bulbaire* (fig. 7, page 33) (1).

C'est dans cette loge bulbaire que se développe le bulbe du vieillard, qui est énorme comme l'on sait : il faut alors cheminer assez longtemps sous lui avant d'aller doubler « le cap rectal ».

Au-dessus de son coude, le rectum se dirige en haut et en arrière, appliqué derrière la prostate bordée des releveurs. Entre le rectum et la prostate vient descendre un cul-de-sac dont le fond affleure le muscle recto-urétral (2). Ce cul-de-sac, oblitéré par coalescence au point de former l'aponévrose prostato-péritonéale ainsi que nous l'avons vu plus haut, se laisse facilement rouvrir : la situation de son point déclive fait que le muscle

---

(1) C'est là la masse de tissu cellulaire que Dupuytren avait décrite au-dessus de l'union du sphincter, des bulbo-caverneux et des transverses superficiels, entre le rectum et le bulbe de l'urètre (Dupuytren. Mémoire sur une nouvelle manière de pratiquer l'opération de la taille, 1836, p. 18 et 26).

(2) Cunéo et Veau. — De la signification morphologique des aponévroses périvésicales. *Journal de l'Anatomie*, année 1899, nº 2, mars-avril.

recto-urétral est la véritable *clef de cet espace décollable rétro-prostatique*. Ainsi l'aponévrose prostato-péritonéale se compose en réalité de deux feuillets, l'un dépendant de la gaine rectale, *la lame rectale* ou feuillet prérectal, l'autre dépendant

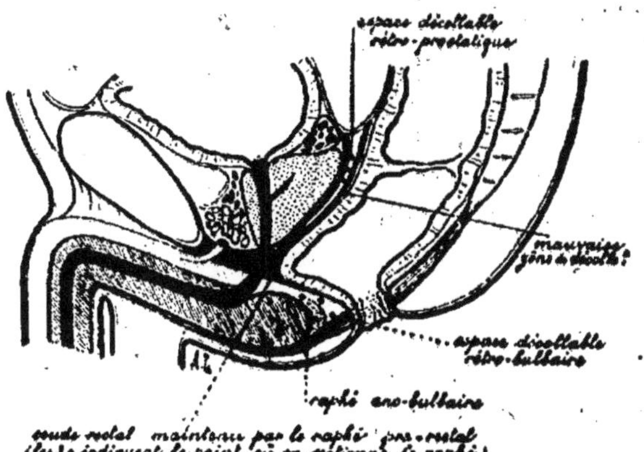

Fig. 7. — Coupe antéro-postérieure schématique du petit bassin chez l'homme.

de la gaine prostatique, *la lame génitale* ou feuillet rétro-prostatique. C'est, nous le verrons, entre ces deux feuillets que doit porter le décollement pour se faire sans hémorragie (1).

---

(1) Une disposition analogue existe chez la femme et résulte de la même cause embryologique : la coalescence partielle de la partie déclive du cul-de-sac de Douglas. Ziegenspeck, puis O. Zuckerkandl ont, en effet, signalé des cas où l'on a trouvé, au-dessous du fond du cul-de-sac recto-utérin, entre le vagin et le rectum, une cavité aplatie, d'aspect séreux, si bien que des opérateurs ont cru avoir ouvert le péritoine alors qu'ils étaient encore bien au-dessous. Zuckerkandl admet même que ces restes du cul-de-sac prérectal primitif ont peut-être un rôle dans la pathogénie des kystes de la paroi postérieure du vagin.

Cet espace décollable permet d'isoler facilement les vésicules séminales du rectum, comme Quénu et Hartmann l'ont bien montré : ces organes se trouvent ainsi séparés de l'intestin dans leur partie inférieure par cette bourse séreuse déjà signalée par Guelliot, et dans leur partie supérieure par le cul-de-sac de Douglas (fig. 8, page 34).

Il y a ainsi une loge prérectale qui vient se terminer au muscle recto-urétral, comme Ombredanne a montré qu'il y avait une loge *rétro-rectale* se terminant au muscle recto-coccygien (1).

En résumé donc, en avant, se trouvent les deux étages du périnée antérieur surmontés de la prostate dans sa loge ; le rectum tombe comme un rideau derrière ces trois formations : ce n'est qu'après la section du *raphé superficiel* et du *muscle recto-urétral* qu'on peut le déplacer en arrière. Ce faisant, on mobilise, à la manière d'un tiroir, l'échancrure des releveurs qui engainait la prostate et, dans cette échancrure, on peut apercevoir la face postérieure de la glande recouverte de la *lame génitale*. On peut tirer de ces quelques notions d'anatomie les déductions suivantes qui ont une grande importance chirurgicale :

1° La prostate, organe impair dans son ensemble, se compose au point de vue glandulaire, c'est-à-dire au point de vue chirurgical, de deux portions latérales bien individualisées, mieux individualisées encore dans l'hypertrophie ; entre les deux est un noyau musculaire pré-urétral.

---

(1) Ombredanne. Les lames vasculaires, 1900, p. 66.

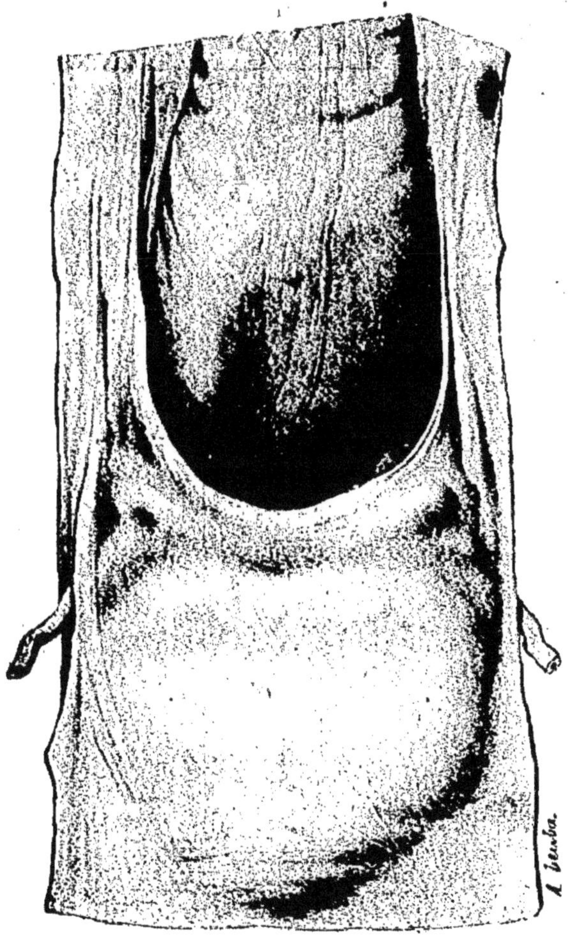

Fig. 8. — Vue du cul-de-sac de Douglas. Chez ce sujet il s'enfonce nettement derrière les vésicules séminales.

2° Ces lobes, obliques de haut en bas et d'arrière en avant, croisent en X l'axe de l'urètre; ils adhèrent au canal et sont simplement accolés à la vessie.

3° Le lobe moyen de la prostate double la lèvre postérieure du col: c'est la profondeur de la fosse urétrale qui entraîne l'angle urétro-vésical; car, normalement, le plancher vésical se rapproche sensiblement de la verticale, si bien que la vessie, en se contractant sur son contenu, ouvre elle-même son col et en produit *l'effacement*.

4° La prostate est enchâssée par la loge prostatique, ou capsule chirurgicale, qui la contient et la fixe; l'isolement soigneux du contenant et du contenu doit donc précéder toute tentative d'extirpation. Les veines restent incluses dans la capsule, et le décollement, facile au doigt sur les parties latérales, aboutit à une véritable énucléation. En avant existe une adhérence, formant un septum médian que l'opération doit respecter.

5° Le périnée antérieur, complètement distinct par sa vascularisation du système rectal, comprend deux plans: un superficiel, l'étage bulbaire, l'autre profond, l'étage membraneux. L'étage bulbaire est relié à l'anus par le raphé périnéal; l'étage membraneux est relié au coude rectal par le muscle recto-urétral.

6° C'est le muscle recto-urétral qui détermine le coude rectal et la presque horizontalité de la dernière portion du rectum.

7° Entre le muscle recto-urétral et le sphincter est l'espace décollable rétro-bulbaire.

8° Le muscle recto-urétral forme la clef de l'espace décollable rétro-prostatique; de ses côtés partent deux arcades semi-lunaires périnéales qui engainent les faisceaux antérieurs des releveurs de l'anus.

9° Dans l'écartement des releveurs, au-dessus du muscle recto-urétral, se trouve l'espace décollable : c'est une véritable bourse séreuse qui est formée de l'adossement de deux feuillets, l'un dépendant de la gaine rectale, l'autre de la gaine génitale; ils sont également lisses l'un et l'autre.

CHAPITRE II

ANATOMIE PATHOLOGIQUE

SOMMAIRE. — Étude des causes de la rétention l'obstacle mécanique et la déchéance vésicale. L'inertie primitive est exceptionnelle. Le cathétérisme peut empêcher la déchéance vésicale ; les rétentionnistes complets ont souvent de meilleures vessies que les rétentionnistes incomplets. — Forme de l'hypertrophie : peu d'importance du lobe moyen comme fréquence et comme cause de la rétention. — C'est un tort d'opposer l'une à l'autre les formes à lobe moyen et les formes à lobes latéraux. — La cause de la rétention est générale ; elle est dans l'hypertrophie même. Importance de l'allongement du canal entraînant l'élévation du col et la production du bas-fond. La vessie n'ouvre plus son col ; la traversée prostatique devient un défilé malgré l'agrandissement antéro-postérieur. — Étude détaillée des modifications urétrales. — La paroi chirurgicale de l'urètre. — Les différents aspects du lobe moyen.

L'étude des causes de la rétention chez les prostatiques est la préface naturelle à la recherche du traitement qu'il convient d'opposer à l'hypertrophie.

Dans cette étude nous suivrons presque pas à pas le travail de Vignard que nous avons cité plus haut. C'est qu'en effet il est impossible de trouver nulle part une analyse plus minutieuse des déformations urétrales et de leur rapport avec la rétention : « Afin, dit-il, de fonder sur un terrain solide les indications de la prostatotomie et de la prostatectomie, nous avons voulu au préalable préciser par des recherches personnelles le rôle de ces deux facteurs, *forme de l'hypertrophie, contractilité vésicale,* dans la rétention d'urine des prostatiques. » C'est qu'en effet l'histoire de la rétention tient en ces deux termes : obstacle prostatique et déchéance vésicale — l'anatomie pathologique nous le montre.

On trouve, en effet, « sur les pièces pathologiques le témoignage tout à la fois de la résistance de la vessie à l'obstacle et du triomphe progressif de cet obstacle. Nous constatons la persistance des fibres musculaires, voire leur augmentation partielle et l'irremédiable atteinte portée au muscle vésical par la dissociation de ses éléments contractiles. La lutte se continue probablement pendant longtemps ; mais, tandis que, chez les rétrécis, la vessie reste en état d'agir, elle cède chez le prostatique. C'est sans doute l'âge des malades, les conditions si différentes de la nutrition des tissus aux différentes périodes de la vie, les modifications qu'ils subissent aussi bien dans leurs éléments que dans leur texture, plus encore que la nature et le siège des obstacles, qui peuvent nous expliquer les inégales conditions de la résistance de la vessie. Chez l'adolescent et chez l'adulte, elle a des ressources et la force voulue pour continuer la lutte ; elle en subit sans pertes graves la prolongation ; elle reprend toute son activité fonctionnelle dès que l'obstacle est levé. C'est ce que nous voyons chaque jour chez les rétrécis.

Chez le veillard prostatique, au contraire, elle finit un jour ou l'autre par se laisser vaincre ; sa première défaite, parfois irrémédiable, devient le point de départ d'une rétention chronique (1). »

« L'insuffisance qui s'établit de la sorte est *secondaire*. L'évolution de la rétention en dit la nature. C'est à ce genre d'insuffisance que nous avons surtout affaire. Elle mérite, par cela-même, toute l'attention des chirurgiens et doit particulièrement la retenir. Mais il n'est pas douteux que l'insuffisance vésicale puisse être « primitive » : vous en rencontrerez sûrement des cas chez les prostatiques.

L'insuffisance anatomique de la vessie ne se traduit pas toujours par une insuffisance fonctionnelle ; le plus souvent elle passe inaperçue quand la prostate n'est pas hypertrophiée. Elle peut cependant suffire, dans certains cas, pour déterminer la rétention.

Pour faire *la part de la vessie* dans l'étude des causes de la rétention, pour poser les indications de la suppression de la prostate, il y a donc lieu de tenir le plus grand compte des conditions dans lesquelles s'établit et évolue l'insuffisance vésicale.

Il est maintenant nécessaire de nous rendre compte des modifications qu'imprime au col de la vessie et à l'urètre prostatique l'hypertrophie de la glande qui l'entoure. Vous comprendrez mieux le mécanisme de la rétention, et vous serez

---

(1) J.-C. Félix Guyon. Leçons cliniques sur les maladies des voies urinaires, 3e édit., t. I, p. 165.

pourvus des données indispensables à l'application du cathétérisme et au choix du mode d'intervention. » (1)

Ainsi, la cause de la rétention réside en l'obstacle que la prostate oppose à la miction ; en plus, il est vrai, il y a une question de terrain. Pendant longtemps la vessie lutte, la lésion est compensée ; mais un jour la vessie, dégénérée et sénile, cède, il y a asystolie vésicale. Dans cette lutte du muscle contre la lésion, tout traitement qui maintiendra la « santé vésicale » retardera la rétention ou la fera disparaître si elle ne fait que s'établir encore.

Il faut donc que le chirurgien mesure la résistance de l'obstacle et sache bien qu'il est habituellement tout au début dans la genèse de la rétention.

Ici, je me sépare résolument de mon ami Petit (2) quand il dit : « A la notion de prostate, obstacle si justement soutenue pour nombre de cas, il conviendrait peut-être d'ajouter la notion de lésion prostatique capable d'inhiber, par son existence seule, le réflexe de l'évacuation vésicale et de faire renaître ce réflexe lorsqu'on supprime la glande. » Et plus loin : « Mais sur le mécanisme vrai du retour de la fonction vésicale après la prostatectomie, nous ne sommes pas autorisés, pour le moment, à dire que, dans tous les cas, c'est la levée de l'obstacle qui donne au malade la faculté d'uriner seul. Peut-être faudrait-il

---

(1) J.-C. Félix Guyon, *idem*, 4e édit., t. I, p. 19.

(2) Petit. *Thèse*, Paris, 1902, p. 19.

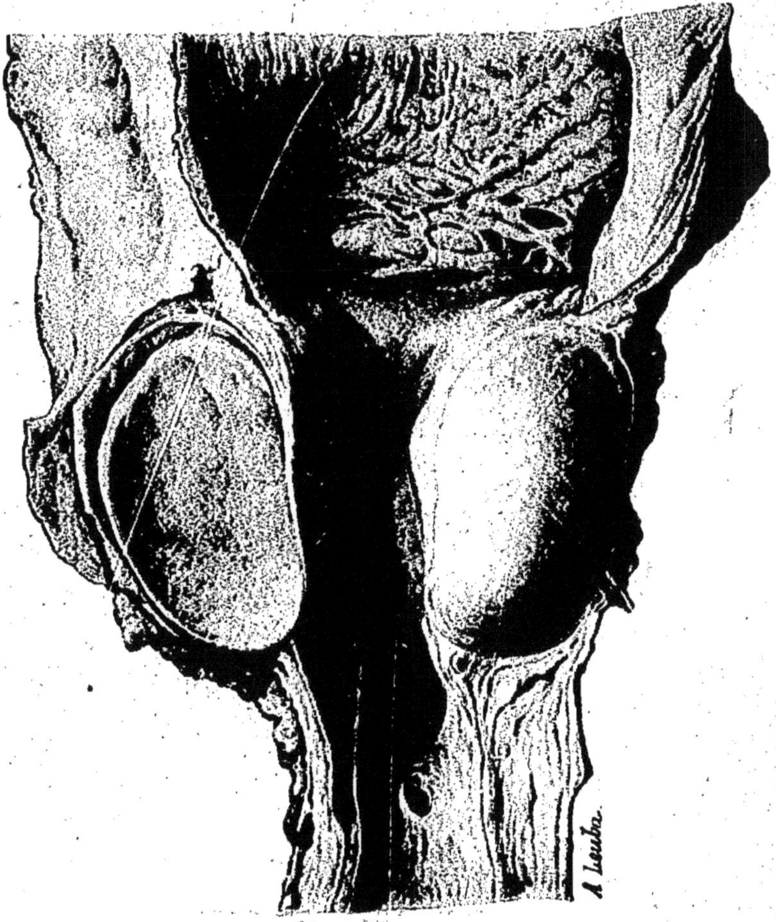

Fig. 9. — Vue antérieure d'une hypertrophie prédominante des lobes latéraux.
Le décollement est assuré sur les bords du lobe droit.

faire intervenir le facteur nouveau dont parle Albarran, c'est-à-dire les phénomènes d'ordre inhibitoire dont la prostate malade serait le siège ? »

Je crois, au contraire, que nous, chirurgiens, nous devons exclusivement raisonner avec ces deux notions positives : la résistance produite par l'obstacle, la déchéance vésicale secondaire ; et si nous pouvons lutter par l'opération contre l'obstacle, auparavant un emploi judicieux du cathétérisme permet d'éviter la déchéance vésicale et peut maintenir une vessie relativement bonne.

On arrive, en effet, à ce résultat paradoxal que les malades rétentionnistes complets, par là même forcés de se sonder, ont une vessie meilleure que les rétentionnistes incomplets qui se croient cependant supérieurs aux premiers.

La miction imparfaite qu'ils possèdent encore leur donne à tort l'illusion d'une puissance vésicale qu'ils n'ont plus.

Ce rôle primordial et croissant de l'obstacle ainsi conçu, il reste à en analyser le détail et l'action.

L'hypertrophie peut atteindre toute la glande ou prédominer au niveau du lobe moyen ou des lobes latéraux (fig. 9, p. 43) : en compulsant les différentes statistiques, on voit d'assez grandes différences. Cela tient à ce que, pendant longtemps, l'hypertrophie du lobe moyen ayant paru plus intéressante au point de vue de la pathogénie de la rétention, et partant plus favorable au point de vue du traitement, on a gardé plus soigneusement dans les musées les pièces qui mettaient cette lésion en évidence.

Mais, en dehors de la question de fréquence, la valeur du lobe moyen comme cause unique et prédominante de la rétention reste très discutable. En effet, la rétention se rencontre fréquemment avec des prostates sans lobe moyen et l'analyse suivante, que nous empruntons à Vignard, analyse où l'on voit en regard l'étude minutieuse de la forme de l'hypertrophie et l'exposé des symptômes que présentait le malade, est parfaitement instructive :

A. Hypertrophie portant presque exclusivement sur les lobes latéraux, sans tumeur ni barre saillante au niveau du col (6 cas.)

Hypertrophie des lobes latéraux, surtout du lobe droit qui a le volume d'une grosse prune et *fait dans l'urètre une saillie convexe.* N° 41 (Muron).	Le malade est entré dans le service pour des phénomènes de rétention et est mort quelques jours après son arrivée.
Hypertrophie des deux lobes, surtout du droit qui est surmonté d'une saillie grosse comme une amande, *faisant saillie dans l'urètre* entre le col et le verumontanum et qu'il eût été difficile d'apercevoir par la cystotomie sus-pubienne. N° 13 (Molinier).	Le malade, mort 15 jours environ après son arrivée, porte le diagnostic : Rétention d'urine ; Hypertrophie de la prostate.
Hypertrophie des lobes latéraux qui font saillie du côté du rectum. N° 14.	Diagnostic : Rétention d'urine. Hypertrophie de la prostate.

Hypertrophie des lobes latéraux, surtout du gauche qui a le volume d'une grosse prune et fait saillie dans toute l'étendue de l'urètre prostatique. N° 4 (Molinier).	Rétention.
Les deux lobes latéraux, du volume d'une grosse noix, font du côté de l'urètre une saillie convexe ; ils sont réunis au niveau du col par une barre insignifiante de 1 centimètre de hauteur environ. N° 131.	Grande difficulté pour uriner, depuis 1 mois. Rétention complète depuis 3 jours.
Hypertrophie surtout du lobe latéral droit. N° 16 (Molinier).	Sans renseignements cliniques, mais la grande capacité de la vessie, la minceur de ses parois indiquent clairement qu'il y a eu distension vésicale et par conséquent rétention.

B. Hypertrophie portant sur les trois lobes sans tumeur ou valvule obturant très manifestement le col (10 cas).

Lobes latéraux énormes ; le lobe moyen a le volume d'une cerise, il est un peu mobile ; de chaque côté on voit une rigole. N° 33 (Reverdin).	Depuis 18 mois, rétention incomplète avec incontinence.
Hypertrophie des trois lobes, surtout des deux lobes latéraux. N° 112 (Segond).	Plusieurs accès de rétention.
Hypertrophie totale : le lobe médian proémine dans la vessie	Depuis plus de 2 ans le malade n'urine plus sans sonde.

sous forme d'une épiglotte un peu mobile mais parfaitement incapable, de par ses dimensions, d'obturer l'orifice du col, qui est énormément dilaté ; au contraire, le lobe gauche présente une bosselure intra urétrale grosse comme un grain de raisin, qui devait être un obstacle sérieux à l'émission de l'urine.	
N° 54 (CURTIS).	
Hypertrophie latérale, pont réunissant deux lobes.	Le malade depuis fort longtemps souffrait de rétention incomplète ; depuis quelques jours celle-ci était devenue complète.
N° 63 (E. MARTIN).	
Hypertrophie des deux lobes latéraux avec barre prostatique renflée en son milieu sous forme de luette.	Rétention incomplète. Distension vésicale.
N° 142 (HALLÉ).	
Hypertrophie totale. Barre saillante, renflée en son milieu, réunissant les extrémités postérieures des deux lobes latéraux. Ceux-ci, très développés, font une saillie convexe dans l'intérieur du canal. Il existe à gauche du lobe médian une gouttière profonde excavée par le passage de la sonde.	Rétention avec incontinence.
N° 68 (ZAMBIANCHI).	
Deux lobes latéraux énormes, gros comme une prune, très rapprochés l'un de l'autre, réunis en arrière par un pont aminci qui	Difficulté extrême d'uriner. Rétention avec incontinence.

fait une saillie très notable dans la vessie.

N° 66 (Zambianchi).

Les lobes latéraux sont très hypertrophiés. Le lobe moyen, gros comme une noisette, fait saillie dans la vessie et présente de chaque côté une gouttière.

A la base on voit deux fausses routes.

Pas de renseignements cliniques, mais les deux fausses routes indiquent qu'il y a eu rétention.

D'ailleurs la vessie est très grande.

N° 121.

Hypertrophie totale de la prostate ; lobes latéraux gros comme une noix ; lobe moyen gros comme un grain de raisin, surmontant une crête transversale.

Jamais de rétention complète, mais incomplète, sans doute, car la vessie est grande et à colonnes.

N° 13 (Campenon).

Hypertrophie totale très considérable. Lobe moyen gros comme une noix, non pédiculé, surmontant la partie postérieure de l'orifice urétral sans l'obturer.

Rétention complète depuis 12 ans.

(Vignard).

C. Hypertrophie avec obturation manifeste au niveau du col, mais avec hypertrophie totale (9 cas).

Lobe moyen volumineux et incliné vers l'orifice urétral, mais aussi hypertrophie du lobe gauche qui fait dans l'urètre une saillie convexe ; à la gauche du lobe moyen, qui est légèrement pédiculé, se trouve une gouttière.

Incontinence depuis 6 mois.

Rétention au moment de l'entrée à l'hôpital.

N° 152 (Boursier).

Hypertrophie des trois lobes. Lobe moyen formant valvule et empêchant toute issue du liquide de la vessie. N° 124.	Rétention complète datant de 36 heures à son entrée.
Hypertrophie totale considérable ; le lobe moyen ressemble à un croupion de poulet et forme soupape. N° 70 (ZAMBIANCHI).	Le malade urinait par regorgement.
Le lobe moyen forme une saillie de 4 centimètres en forme de croupion de poulet ; de chaque côté existent deux rigoles profondes ; les lobes latéraux sont également très hypertrophiés. N° 108 (E. MONOD).	Depuis plusieurs mois la miction était extrêmement difficile ; depuis quelques jours le malade urinait par regorgement.
Le lobe moyen, gros comme une châtaigne, fait une saillie très prononcée dans la vessie. Il existe de chaque côté deux gouttières. Les lobes latéraux, moins volumineux que le moyen, bombent vers l'intérieur du canal. N° 47.	Aucun renseignement clinique, mais vessie agrandie, hypertrophiée, à colonnes.
Hypertrophie totale de degré moyen : le lobe médian, du volume du pouce, était piriforme ; il a dû jouer un rôle dans l'obstacle à l'émission de l'urine. N° (MOLINIER).	Depuis 3 mois, le malade était obligé de se sonder.
Hypertrophie totale : le lobe moyen, en forme de champignon,	Rétention complète quelques jours avant son entrée.

pédiculé, bosselé, fait saillie dans la vessie; de chaque côté existe une rigole profonde. N° 71 (Zambianchi).	
Le lobe moyen, formant soupape, a la forme d'un polype épais de 1 cent. 1/2, haut. de 2 cent. Il y a d'ailleurs hypertrophie totale atteignant le volume d'une mandarine. N° 113 (Segond).	Rétention incomplète. Incontinence nocturne.
Hypertrophie totale considérable. Lobe moyen gros comme un grain de raisin, mobile, pouvant obturer presque hermétiquement l'orifice urétral. (Vignard).	Rétention incomplète depuis fort longtemps, à en juger par la dilatation énorme de la vessie et des uretères, bassinets. Rétention complète quelques jours avant la mort.

D. Hypertrophie partielle limitée au col (3 cas).

Hypertrophie limitée au lobe moyen, volumineux, pédiculé. N° 18 (Molinier).	Incontinence par regorgement.
Les lobes latéraux, peu hypertrophiés, ne forment aucune saillie urétrale. Il existe une saillie du lobe moyen en forme de luette de la grosseur d'un grain de raisin. N° 96.	Rétention incomplète avec incontinence.
Hypertrophie limitée au lobe gauche, faisant saillie dans la vessie, au niveau du col. N° 82 (Campenon).	Rétention complète au moment de l'entrée à l'hôpital.

Vignard (1) tire de ce tableau les conclusions suivantes :

« Dans l'hypertrophie de la prostate, l'obstacle à la miction existe pour le plus grand nombre des cas, au même degré sur toute la longueur de l'urètre prostatique : 16 cas sur 28.

« Dans un certain nombre de cas, l'obstacle siège généralement à l'orifice de l'urètre, mais est étendu en même temps à toute sa portion prostatique : 9 cas sur 28. — Dans des cas tout à fait exceptionnels enfin, la traversée de l'urètre prostatique est libre, l'obstacle est limité à la région du col : 3 cas sur 28. » — Ainsi donc, si l'on ne tenait compte, dans la pathogénie de la rétention d'urine chez les prostatiques, que de ce seul facteur, la forme de l'hypertrophie, une opération qui n'agirait que sur le col ou à son voisinage n'aurait, dans le plusgrand nombre de cas, aucun effet sur la rétention et ne serait assurée du succès que dans des cas tout à fait exceptionnels. — Le travail de Vignard est de 1890, mais, dans ces dernières années, l'attention a été attirée de nouveau sur l'hypertrophie du lobe moyen par M. Albarran qui a donné de cette hypertrophie une pathogénie différente de celle qui avait cours jusque-là.

Il faut distinguer le lobe moyen au sens anatomique, et le lobe moyen au sens pathologique. Pour M. Albarran ce qu'on appelle lobe moyen au sens pathologique serait produit par l'hypertrophie des glandes cervicales ; cette hypertrophie existe-

---

(1) Vignard. *Loc. cit.*

rait comme lésion unique ou prédominante dans l'immense proportion de 36 pour 100 ou associée dans celle de 71 pour 100.

« Tout en faisant la part des causes d'erreur inhérentes à toute statistique médicale, dit-il, ces chiffres démontrent la part importante et prépondérante que prennent les glandes cervicales dans l'hypertrophie prostatique (1). » Nous reviendrons tout à l'heure sur l'analyse des productions développées aux dépens du lobe moyen ; mais, quelle que soit la pathogénie qu'il faille leur attribuer, disons tout de suite qu'il faut les considérer simplement comme un *épiphénomène, une complication pour ainsi dire de l'hypertrophie* de la prostate, mais que, en elle-même, dans sa forme banale, la seule augmentation de volume de la glande est suffisante pour entraîner la rétention.

Rochet (2) oppose l'hypertrophie prédominante du lobe moyen, forme à *occlusion,* à l'hypertrophie des lobes latéraux, forme à *rétrécissement.* « C'est l'hypertrophie de ce lobe moyen que Mac Gill accuse surtout dans l'obstacle prostatique. Dittel, au contraire, incrimine plus volontiers les lobes latéraux. Ils ont raison tous deux, nous venons de voir pourquoi. L'hypertrophie des lobes latéraux peut, tout comme celle du lobe moyen, produire l'obstacle réel, mais, dans le premier cas, c'est

---

(1) Delbet et Le Dentu. Traité de chirurgie clinique, p. 590.

(2) Rochet. Traité de la dysurie sénile. Steinheil, éditeur, 1899, p. 20.

généralement une constriction, dans le second, c'est plutôt une obstruction. »

C'est un tort, pensons-nous, d'opposer les deux formes l'une à l'autre, et de faire là le point de départ d'une classification, croyant que certains malades sont rétentionnistes parce qu'ils ont un lobe moyen, et d'autres parce qu'ils n'en ont pas.

L'hypertrophie de la prostate est une affection à marche progressive, qui reste toujours si identique à elle-même que, malgré les différences individuelles, les différents malades semblent calqués les uns sur les autres. Comment comprendre des différences aussi essentielles dans la cause du même symptôme quant sa production arrive fatalement dans tous les cas ?

C'est dans une déformation générale de la glande, assez générale pour se retrouver dans tous les cas, qu'il faut chercher l'explication d'une rétention qui arrive toujours tôt ou tard.

Aussi bien, et Thompson l'a démontré, les hypertrophies partielles les plus nettes s'accompagnent toujours d'un certain degré d'hypertrophie générale.

En augmentant de volume, la glande se déplace : bridée en bas par l'aponévrose moyenne, elle se développe par en haut, elle subit une *ascension* progressive ; en même temps elle refoule les parois de sa loge et, en tassant le tissu cellulaire à ce niveau, elle rend plus apparente encore la zone de décollement que nous avons décrite. Sauf dans les cas où il y a une vieille périprostatite, l'isolement de la prostate hypertrophiée est encore plus aisé que celui de la glande normale. Quand il est terminé, la glande apparaît absolument lisse (fig. 10, p. 57). A côté de ces modifications extérieures, il y a des modifications cavitaires.

L'hypertrophie de la prostate crée, dans sa forme la plus générale — sans tenir compte des déformations particulières qui peuvent devenir des obstacles à elles seules — une condition particulière au cathétérisme ; elle lui crée un quatrième temps qui se confondait avec le troisième à l'état normal ; elle incorpore entre l'urètre membraneux et la vessie une cavité qu'il faut franchir avec un instrument à long bec. De même, en renversant en quelque sorte cette proposition, on peut dire que l'hypertrophie interpose une résistance entre la vessie et l'urètre membraneux qui normalement se vidaient directement l'un dans l'autre ; elle ajoute à l'expulsion de l'urine un premier temps qui se confondait avec le début de la contraction vésicale.

Mais, si la cause est générale, le traitement doit être complet, et cette explication de la rétention est la condamnation de tout traitement partiel, que ce soit l'ablation du lobe moyen par prostatectomie sus-pubienne, ou l'ablation exclusive des lobes latéraux par le périnée sans ouverture de l'urètre.

Je sais bien qu'on objecte que le volume de la prostate n'est pas tout et que des malades ont conservé la miction volontaire avec de très grosses prostates ; cela prouve tout simplement que leur muscle vésical est conservé et non que l'hypertrophie ne gêne pas la miction. Car la rétention, ne l'oublions pas, dépend de deux facteurs, et il ne faut pas mettre sur le compte de la forme de l'hypertrophie ce qui dépend de l'état du muscle vésical.

Voyons donc la modification la plus générale engendrée par l'hypertrophie de la prostate : c'est l'allongement du canal ; elle entraîne la production du bas-fond en élevant le col ; l'orifice cervical ne s'ouvre donc plus au point déclive de la cavité vésicale.

Normalement, la paroi postérieure se continue par un plan incliné, lisse et résistant, avec la paroi postérieure de l'urètre.

La vessie en se contractant dirige la colonne liquide le long de ce tremplin renversé et vient d'elle-même ouvrir le col : dans la contraction générale cette paroi postérieure se redresse elle-même, d'abord sur la partie médiane, — au point de constituer une vessie à éperon (1) — puis dans son ensemble ; elle arrive de cette manière à s'appliquer contre la paroi antérieure lorsque la vessie se vide, et, entre « ces deux mains qui se ferment » ainsi, il n'y a plus d'espace antéro-postérieur ; il ne reste plus qu'un diamètre transverse toujours existant et suivant lequel s'accommodent les corps étrangers, comme les recherches de Henriet l'ont démontré en 1878.

La vessie n'a pas d'effort à faire pour ouvrir son col : la contraction de l'une entraîne la dilatation

---

(1) J.-C. Félix Guyon. Leçons cliniques, t. II, p. 412.

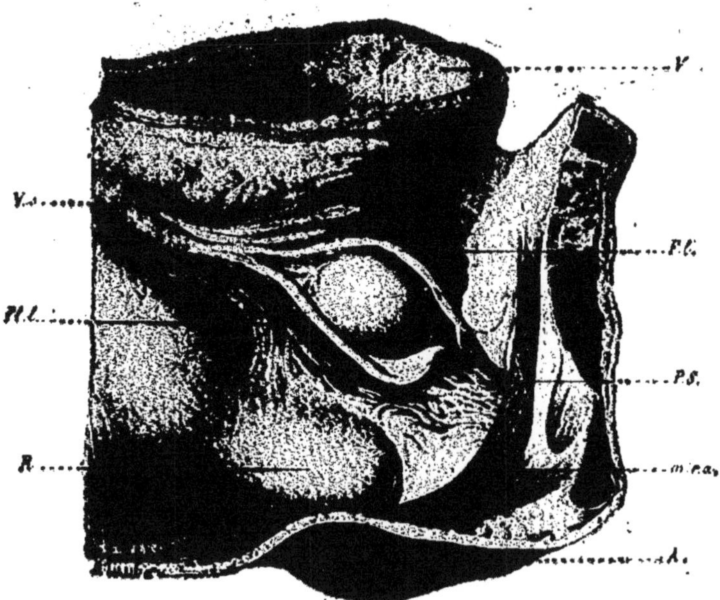

Fig. 10. — Ouverture latérale de la loge prostatique *Fl.* dans un cas d'hypertrophie. La prostate décollée au doigt apparaît lisse et blanche. Les plexus latéraux *Pl. l.* encore gorgés de sang restent inclus dans les lames vasculaires. En avant ils forment le plexus de Santorini *P. S.* — *V.* vessie. *V. s.* veines vésico-prostatiques. *R.* Rectum. *A.* Anus. *m. r. a.* muscle releveur de l'anus.

de l'autre, et l'entonnoir urétro-vésical ne forme plus qu'un seul et même tout ; c'est au sphincter strié ou à l'urètre membraneux qu'il convient de paralyser cette action.

Ce mécanisme si simple ne peut plus se produire dans l'hypertrophie de la prostate.

Il suffit d'examiner l'aspect même de la région du col pour voir que cet aspect lisse si favorable au glissement a disparu (fig. 11, page 60) : or, ne l'oublions pas, c'est au niveau du trigone que commence le glissement de la colonne d'urine.

Mais surtout le col est surélevé et porté en avant, la force vient s'appliquer au niveau du basfond : les calculs y tombent, c'est par là que l'urine cherche à sortir.

Sur les côtés du col, l'aspect d'entonnoir habituel a disparu, il s'est formé comme un bourrelet (fig. 12, p. 61).

Enfin lorsque l'urine a entr'ouvert cet orifice, au lieu de déployer une cavité prostatique souple et large comme d'habitude, elle ne peut écarter ces lobes prostatiques qui viennent prendre contact l'un avec l'autre : leur contact n'est plus produit par la contraction du sphincter strié, il l'est constamment de soi-même, et « le canal est réduit à une fente comparable à la cavité du ventricule moyen du cerveau (1) ».

On voit donc combien l'expulsion vésicale doit être difficile dans ces conditions. S'appuyant du

---

(1) Jarjavay. Traité d'anatomie chirurgicale. 1852, Salé, éditeur, p. 330.

reste sur une remarque de Thompson, M. le Pr Guyon fait observer qu' « il n'y a pas, chez le prostatique, cette force emmagasinée que représente, chez le rétréci, la colonne d'urine engagée dans le bout postérieur de l'urètre. La force qui pousse l'urine vers le col, pour en obtenir

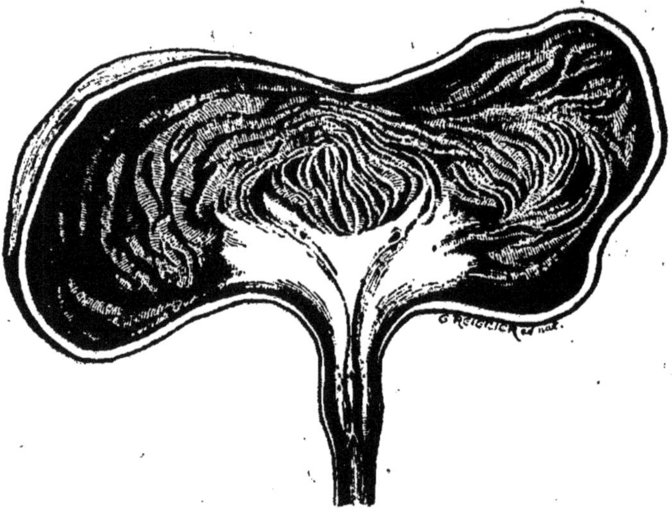

FIG. 11. — Trigone normal. Sa continuation directe avec la paroi urétrale postérieure.

l'ouverture, est dispersée sur toute la surface du liquide sur lequel s'appliquent les parois de la vessie ».

Cette force existait à l'état normal au moment de la miction, comme nous venons de le voir, car la forme même, régulièrement convergente, de la contraction vésicale liée à la déclivité du col dirigeait là tout l'effort.

Dès que le col est déplacé, il semble qu'il n'ait plus de raison pour s'ouvrir de lui-même sous l'influence de la contraction vésicale.

Mais que la sonde vienne l'ouvrir, et quelquefois la vessie fait encore preuve d'une certaine force d'expulsion.

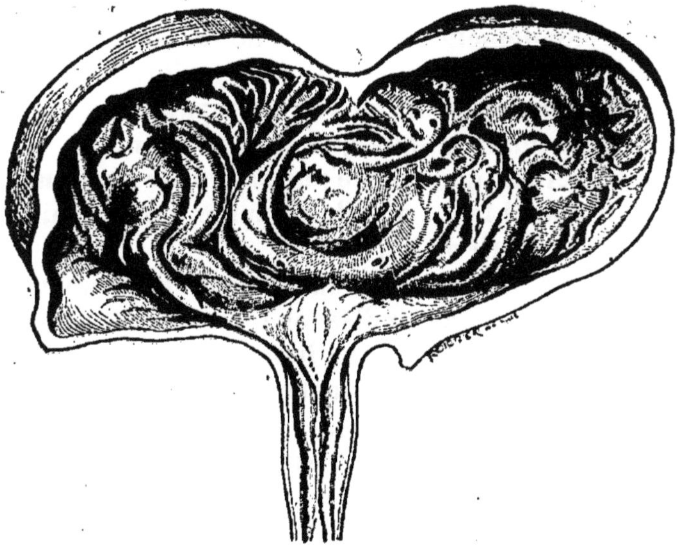

Fig. 12. — Modification du trigone et du col dans l'hypertrophie. La zone de glissement n'existe plus.

C'est ce qu'on peut résumer en disant, avec M. Guyon : « La surélévation (1) du col est presque toujours la conséquence de l'hypertrophie, quelle que soit sa forme. Elle a donc une grande importance aussi bien au point de vue du cathétérisme qu'à celui des difficultés de l'évacuation

(1) J.-C. Félix Guyon. Leçons cliniques, t. I, p. 168.

spontanée. Le muscle vésical dissocié, déjà peu capable d'une action régulièrement convergente, doit encore compter avec le changement d'axe de l'orifice d'écoulement. »

Ainsi la saillie intra-vésicale du col nous apparaît-elle et comme un « promontoire que doit franchir l'urine » et comme un agent capable d'altérer profondément l'effet utile de la contraction vésicale. C'est pour cela que la *reposition* du col semble avoir, au point de vue thérapeutique, une importance aussi grande que sa libération.

En admettant que l'urine puisse encore entr'ouvrir son col, il faut « qu'elle chemine à travers un défilé pour sortir de l'urètre ».

Les deux lobes latéraux saillent là comme deux amygdales, agrandissant le canal dans son ensemble, mais effaçant sa lumière dans le sens transversal et le transformant en une fente antéro-postérieure (fig. 13, p. 63).

La déformation du canal est ainsi la suivante : agrandissement, mais aplatissement dans un sens, et surtout allongement dans un autre. M. Guyon a trouvé jusqu'à 5 et 6 centimètres pour la traversée prostatique, Thompson 7 centimètres, alors que la longueur normale est de 3 centimètres.

L'allongement, ainsi qu'il fallait s'y attendre, siège au niveau de la paroi inférieure : c'est le lobe prostatique qui, à l'état normal, créait là la fosse urétrale, c'est lui qui à l'état pathologique l'agrandit encore en la creusant et en la coudant ; car, vue en profil, la paroi représente un véritable coude.

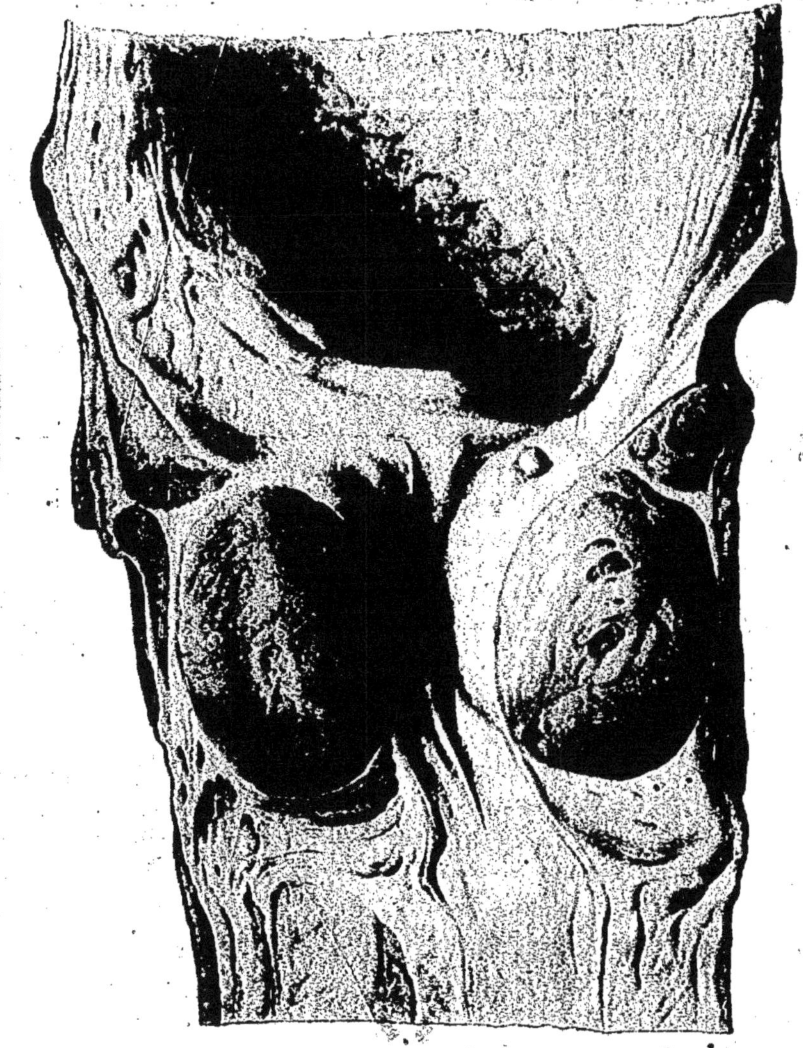

Fig. 13. — Hypertrophie marquée des lobes latéraux Allongement antéro-postérieur de l'urètre.

La paroi supérieure, protégée par le noyau musculaire pré-urétral, par le sphincter strié de l'urètre, n'est pas atteinte et elle reste, au point de vue cathétérisme, la « *paroi chirurgicale de l'urètre* ». Elle le reste encore plus au point de vue opératoire, et nous verrons quels soins le chirurgien doit apporter à la ménager dans son intégrité et dans sa situation.

C'est sur une coupe transversale qu'on se rend bien compte de cette déformation des lobes latéraux : on voit l'étendue de la cavité prostatique, ce qui, entre parenthèses, nous éclaire singulièrement sur ce qui se passait au cours de la taille périnéale, et on voit surtout comme il y a peu de tissu prostatique en arrière de l'urètre au niveau de la commissure postérieure.

Nous avons vu plus haut (v. page 17) combien cette commissure était mince à l'état normal ; elle le reste dans l'hypertrophie (1). Albarran a insisté sur ce détail en disant (2) : « L'urètre est beaucoup plus près qu'on ne croit de la face postérieure de la prostate hypertrophiée. Dans la ligne médiane postérieure on ne trouve presque pas de tissu glandulaire ; c'est sur les côtés de l'urètre et très profondément, en avant, jusque sur la face, ou mieux, le bord antérieur de la fente urétrale que se trouve le tissu hypertrophié. La prostate n'acquiert quelque épaisseur en arrière que tout près de la vessie, au niveau du col. »

(1) Voir Petit. *Thèse*, pages 187 et 263.
(2) Albarran et Motz. *Annales génito-urinaires*, juillet 1902, page 790.

Mercier (1) a également signalé ce point en disant : « Je le dis hautement et j'ai la ferme confiance qu'on ne me démentira jamais, pièces en main : *au-dessous de la portion sus-montanale* (moyenne) *de la prostate,* dont l'épaisseur varie beaucoup selon les âges; *au-dessous du passage des canaux éjaculateurs par conséquent, et jusqu'à l'aponévrose moyenne du périnée, on ne trouvera jamais un intervalle de plus de 6 à 8 millimètres entre les cavités urétrale et rectale.* Ce fait, que les auteurs donnent comme une exception rare, est une règle peut-être sans exception. Je me fonde sur l'examen de plusieurs centaines de prostates, la plupart hypertrophiées. »

C'est donc bien les deux modifications classiques, l'élévation du col et l'aplatissement de l'urètre, qui sont à la base des déformations, comme elles sont la cause principale de la rétention ou de la fatigue vésicale. C'est contre elles que le traitement chirurgical peut être souverain. Aussi ne doit-on plus dire que l'hypertrophie uniforme « échappe à peu près à tout projet d'excision opératoire ». Tout au contraire, c'est là que la prostatectomie donne les meilleurs résultats. Du reste, les relevés de Thompson montrent que c'est la forme qu'on rencontre dans plus de la moitié des cas. Il faut en rapprocher également les remarques de Vignard et conclure que l'obstacle est plus « *canaliculaire qu'orificiel* ».

En somme, l'obstacle apparent au niveau du col

---

(1) Mercier. *Loco citato.*

est peu de chose, la hauteur du col est le vrai obstacle apporté à la physiologie normale de la vessie : non seulement il empêche la vessie d'expulser son bas-fond, mais il gêne la miction dès le début. Car la pression endo-vésicale a plus de tendance à le fermer qu'à l'ouvrir : c'est peut-être ainsi qu'il faut comprendre la fameuse valvule des anciens.

On voit l'utilité que peut avoir l'opération dans ce cas : enlever la prostate, c'est abaisser le col, le désinvaginer de la portion vésicale. Et de fait les mensurations après la prostatectomie montrent un raccourcissement marqué du canal ; c'est également faire disparaître, par l'ablation de ce goitre périnéal, les saillies volumineuses qui aplatissaient l'urètre.

Le doigt, introduit dans le col, sent, à mesure que l'opération se complète, disparaître ce bourrelet véritable qui *enserrait et surélevait* l'orifice vésical.

Tel est le type général de la lésion que l'opération est destinée à combattre. Mais, en plus, il y a au pourtour du col, et même dans la cavité urétrale, une série de productions qui doivent attirer l'attention du chirurgien et qui peuvent être en rapport avec la dysurie ou l'hématurie : ce sont des fibromes ou des adénomes prostatiques qui se sont énucléés du reste de l'organe au point de venir former des tumeurs saillantes, ou sessiles, ou pédiculées. La distinction est importante car l'ablation en est différente.

De ces déformations, les unes siègent au niveau

de l'urètre, soit que le volume inégal des lobes latéraux amène une déformation alterne de l'urètre, soit qu'il y ait un lobe moyen à développement urétral ; ces formes sont intéressantes parce qu'il y a là un obstacle intraprostatique au cathétérisme, obstacle qui entraîne souvent les fausses routes.

C'est ainsi que le lobe vient former une « croupe », un véritable « dos d'âne » du côté de l'urètre ; cette masse est souvent réunie au veru-montanum par des plis radiés donnant la forme « en éventail ».

Une autre déformation non moins intéressante, c'est la présence, dans la cavité prostatique, d'une tumeur implantée sur les parois latérales de l'urètre. J'en connais deux cas particulièrement nets, et il est probable qu'en recherchant on pourrait en amasser un certain nombre. L'un de ces cas est consigné dans une autopsie de Necker, l'autre est une constatation opératoire.

Le premier (fig. 14, page 69) est, comme on le voit, constitué par une petite tumeur implantée sur la paroi latérale de l'urètre ; cette tumeur sessile est exclusivement développée dans la cavité prostatique, et, comme l'a fait remarquer Vignard, qui l'a signalée, elle n'aurait pu être vue par une cystostomie sus-pubienne.

L'autre est la tumeur représentée planche VI, page 159 ; c'est, comme on le voit, un véritable champignon ulcéré qui causait d'abondantes hémorragies au malade qui en était porteur, en même temps qu'il rendait le cathétérisme très difficile. Chose intéressante, on avait, pour parer

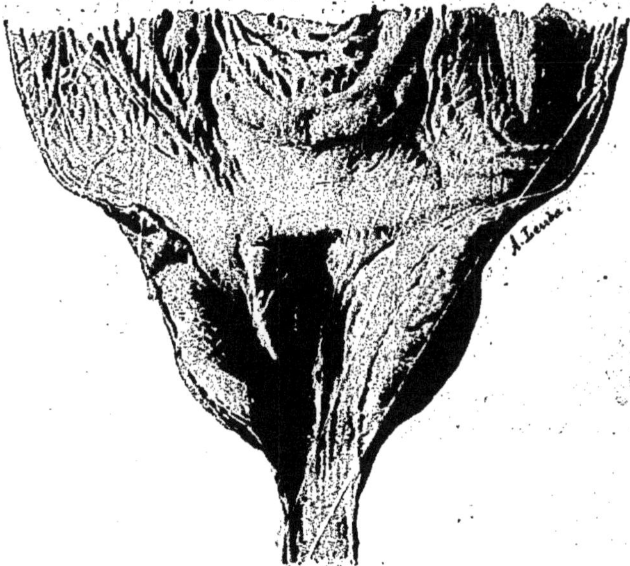

Fig. 14. — Implantation latérale d'une tumeur prostatique. Pièce n° 13 du Musée Guyon (n° 2 de la classification de Vignard).

aux hémorragies, fait la taille sus-pubienne chez ce malade et, naturellement, la tumeur n'avait pu être vue : ainsi se trouve donnée la preuve de ce que Vignard avançait.

Au cours de la prostatectomie périnéale, le doigt introduit par la boutonnière urétrale ramena cette production plus grosse que le pouce (fig. 41, page 133); elle fut pédiculée et enlevée. La guérison fut parfaite.

Souvent, quand le lobe moyen évolue franchement vers la vessie, il reste encore relié au veru-montanum par des replis le faisant ressembler, suivant l'expression de Le Dentu, « à un petit ballon retenu par des cordages. »

La saillie vésicale est alors en croupion de poulet, en barre prostatique, exagérant encore la profondeur du bas-fond. En effet, le bas-fond est naturellement immédiatement rétro-cervical et sous-cervical, puisqu'il est produit par l'ascension du col (fig. 15, p. 72). C'est ce que montre bien l'exploration de la lèvre postérieure du col telle que notre maître le Pr Guyon nous a appris à la pratiquer.

Dans un article récent (1), Albarran insiste à nouveau sur cette situation du bas-fond, et combat l'erreur, heureusement rare, qui le représente comme produit par l'ascension de tout le trigone. On verra dans ce travail, auquel on doit se reporter, une série de schémas ingénieux qui mon-

(1) ALBARRAN et MOTZ. *Annales génito-urinaires*, juillet 1902.

trent les différentes formes de la lèvre postérieure du col.

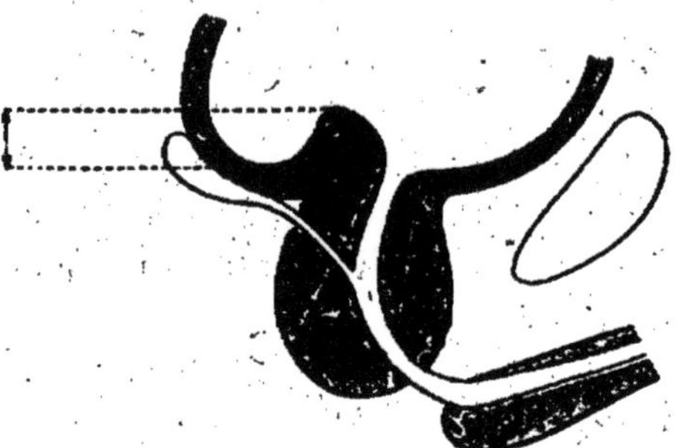

Fig. 15. — Schéma emprunté à Pousson (Maladies des organes génito-urinaires, p. 315). Déformation de la lèvre postérieure du col entraînant le bas-fond. La flèche mesure la profondeur de ce bas-fond.

Maintenant que nous avons un procédé chirurgical permettant de combattre la *stase urinaire* en replaçant le col au point le plus déclive, l'étude de ces déformations reprend un nouvel intérêt.

CHAPITRE III

INDICATIONS OPÉRATOIRES. ÉPOQUE DE L'INTERVENTION

SOMMAIRE. — Valeur de la prostatectomie en général, mais nécessité de préciser ses indications, aussi bien au point de vue de la nature des cas à opérer, que de l'époque de l'intervention. — Inconvénients et d'une opération trop précoce et d'une opération trop tardive. — L'époque de choix est le début de la seconde période. — Les indications dans la rétention aiguë. — Importance du volume de la prostate. — La mensuration de l'urètre prostatique et l'évaluation de sa direction renseignent mieux que le toucher rectal. — Indications tirées de l'hématurie, de l'infection, de la présence de calculs.

Nous venons d'énumérer les puissantes raisons qui militent en faveur de l'ablation de la prostate. Rationnelle au point de vue anatomique, cette opération vient directement combattre, nous l'avons vu, les causes mêmes de la rétention. En fait, les résultats obtenus et, en particulier, la très importante statistique d'Albarran parue dans la thèse de Petit, prouvent surabondamment l'efficacité de la prostatectomie périnéale en même temps que sa bénignité.

D'autre part, dans son rapport au Congrès de 1900, Legueu a établi, comme il le dit lui-même (1),

(1) LEGUEU. *Bull. et Mém. Soc. Chirurgie*, 1902, t. XXVIII, p. 958.

« sur des documents authentiques et précis la faillite des autres méthodes de traitement de l'hypertrophie ». Et cependant, ajoute-t-il, « il ne s'ensuit pas que la prostatectomie s'adresse à tous les cas; nous devons même éviter avec un soin jaloux de compromettre, par une application intempestive, l'avenir de cette opération, et nous devons dès maintenant définir ses indications et ses contre-indications ».

Du fait que la prostatectomie peut être considérée comme supprimant tout obstacle urétral, il ne s'ensuit pas qu'elle doive, du moins à l'heure actuelle, être pratiquée chaque fois que cet obstacle existe; il ne s'ensuit pas non plus qu'on doive obtenir à toute époque le retour de la miction spontanée et totale sans aucun résidu. Si bien qu'on peut répondre par une double affirmative à la question : « Y a-t-il un moment où il soit *trop tôt* pour opérer ? Y a-t-il une époque où il soit *trop tard* pour faire complètement bénéficier le malade de son intervention ? »

Voyons d'abord les inconvénients d'une opération trop précoce. La prostatectomie périnéale est une opération bénigne et, à ce titre, pourrait être proposée au début de l'affection, si elle ne présentait une conséquence grave :

Elle supprime totalement non seulement l'éjaculation, mais l'érection.

On a cité quelques exceptions, mais elles ont probablement trait à des opérations incomplètes. Les érections que présentent les malades avant l'opération sont, il est vrai, surtout des érections congestives, et comme telles doivent donc disparaître avec la cause de la congestion. Mais, malgré tout, l'impuissance des prostatiques n'est que probable avant l'intervention ; elle est certaine après.

Aussi quand la lésion est encore au début, et qu'on se trouve en présence d'hommes relativement jeunes, cette conséquence opératoire, sur laquelle a si justement insisté Petit, doit, à mon avis, dicter l'abstention.

En tous cas, c'est là un fait qu'il faut absolument signaler aux médecins, comme eux-mêmes doivent en avertir les malades en posant l'indication opératoire.

Plus tard, lorsque la dysurie est marquée, l'infirmité devient assez gênante, sans parler de ses dangers, pour que le malade préfère à juste titre les conditions d'une miction facile aux « restes d'une génitalité défaillante ».

Nous venons de voir un des reproches les mieux fondés qu'on puisse adresser à l'opération précoce. Ce n'est pas le seul. A cette période le malade n'a guère que des troubles congestifs ; or l'opération n'a pas une action marquée sur eux.

La prostatectomie rend la miction spontanée dans des cas surprenants ; mais elle ne rétablit pas toujours le rythme normal des mictions.

Enfin, après la prostatectomie, les malades peuvent présenter, même sans incontinence, une certaine difficulté à retenir leurs urines.

Aussi à cette époque, quels que soient les avantages que peut présenter la prostatectomie pour l'avenir, ils ne compensent pas ses inconvénients dans le présent.

On doit donc délibérément rejeter l'opération à la première période du prostatisme, à la *période congestive*.

On sait que celle-ci est caractérisée par la miction fréquente nocturne, les retards de la miction, les déformations du jet, etc., tout cela chez un malade qui *vide encore sa vessie*.

Mais, au sujet du diagnostic clinique de cette première période, je rappelle qu'il ne faut pas confondre la fréquence exclusivement nocturne des mictions avec la fréquence jour et nuit indiquant que déjà le malade ne vide plus : « Pour élucider ce point si important du symptôme *fréquence de la miction*, il ne faut pas craindre d'obliger le malade à préciser le résultat de son observation. Si la réponse que vous sollicitez n'a pas la netteté voulue, engagez le malade, s'il ne l'a déjà fait, à compter le nombre de ses mictions depuis le moment du coucher jusqu'au moment du lever, et réciproquement. Vous pourrez également lui demander de noter les intervalles des mictions du jour et de la nuit. Ce dernier renseignement peut, à lui seul, vous permettre de trancher la question de la fréquence diurne et nocturne.

« La fréquence nocturne de la miction a par elle-même, ainsi que nous vous l'avons déjà indiqué, une valeur diagnostique importante. Il suffira qu'elle ait été constatée et qu'elle soit habituelle pour que vous admettiez la probabilité d'une lésion des voies urinaires, et même pour que vous la rangiez au nombre des éléments qui vont permettre de reconnaître la nature de la maladie.

« La fréquence diurne, au contraire, ne vous fournira de renseignement de quelque valeur que si vous étudiez les conditions sous l'influence desquelles se manifeste l'envie d'uriner. Le symptôme fréquence, à peu près également réparti sur le jour et la nuit, doit donc faire penser à une rétention partielle, c'est-à-dire à une évacuation imparfaite du réservoir urinaire (1). »

Quel est, au contraire, le stade de l'affection trop tardif pour que l'intervention donne de bons résultats ? Est-ce lorsque la vessie est infectée, et la prostatectomie doit-elle être réservée aux seuls cas aseptiques, ou à peu près, comme nous le croyons au début ? Pas du tout : l'opération, également bénigne chez les infectés, tire de cette infection même une indication nouvelle. Elle seule permet de drainer correctement le bas fond en supprimant le mur qui le borde.

Mais, avec le temps, la vessie s'épuise en vains efforts, et l'infection vient hâter sa déchéance. Si l'opération tarde trop, le muscle est donc absolument dégénéré. Dans ces conditions, la miction spontanée se rétablit tout de même, mais incomplète quant à l'évacuation, et il reste un résidu assez notable pour forcer le malade à se sonder s'il veut éviter les accidents de la stagnation urinaire.

---

(1) J.-C. Félix Guyon. Leçons cliniques, t. I, p. 26.

Il faut donc, pour opérer, *attendre l'apparition des troubles mécaniques*, mais opérer quand la vessie *garde encore sa vigueur*. Cet état se rencontre au début de la seconde période du prostatisme. Toutefois il peut être entretenu longtemps encore par un sage emploi du cathétérisme. Malheureusement beaucoup de malades ne se résignent pas à cette « vie du cathétérisme ». Plutôt que de laisser leur vessie dégénérer, il faut alors les opérer.

Nous venons de préciser l'époque de choix pour l'intervention : c'est là notre rôle. Mais, est-ce à dire que, lorsque des malades ne se présentent au chirurgien que trop tardivement, avec une déchéance vésicale absolue, il faille leur refuser le bénéfice de l'intervention ? Assurément non, mais il faut savoir qu'on ne peut plus attendre autant de l'opération à cette époque. La seule contre-indication, dans ces cas, se tire d'un âge vraiment trop avancé.

Le début de la seconde période est donc le moment de choix, mais avant de discuter l'intervention dans la rétention chronique complète ou incomplète qu'on y rencontre, voyons les indications que peut parfois créer la rétention complète aiguë.

Il est certain que la crise de rétention complète aiguë, surtout la première, est facile à guérir, mais il est des cas où cette première défaite de la vessie peut devenir une indication d'opérer. C'est quand l'obstacle prostatique est très considérable et que le volume de la glande en fait une véritable tumeur ; il n'y a pas à espérer, dans ces conditions, que la vessie puisse longtemps résister, et il est permis d'avancer alors l'époque de l'intervention.

Ce diagnostic du volume de la prostate est souvent difficile à faire d'une manière absolument précise.

Le Dr Huntington (1) fait remarquer, en effet, « que les chirurgiens n'ont généralement pas réussi à apprécier d'avance l'état de la prostate, et qu'après l'opération on est toujours surpris du volume des masses enlevées ». C'est ce qui arrive habituellement, car le toucher ne nous renseigne que sur la partie saillante dans le rectum, alors que derrière le pubis se trouvent cachées les masses les plus importantes ; il est probable que, à mesure que les constatations opératoires se feront plus fréquentes, seule manière d'établir un diagnostic précis, cette appréciation du volume se fera mieux. Je crois qu'aujourd'hui c'est l'appréciation exacte de la longueur du canal, *sa mensuration* qui donne le renseignement le meilleur, bien supérieur à l'importance de la saillie rectale.

Nous ne voyons pas très bien, en effet, le rapport qu'il peut y avoir entre la saillie plus ou moins prononcée de la prostate dans le rectum et la gène de la miction. En revanche, l'allongement du canal prouve l'ascension du col et la présence de lobes latéraux développés : « *les battants de la porte cochère* ». L'exploration du canal, faite avec un instrument métallique, nous apprend encore autre

(1) Huntington. *Occidental Médical,* Tunis. San Francisco, juin 1902, p. 250.

chose. Elle nous renseigne sur la direction de la portion initiale de l'urètre. Plus la coudure de l'urètre est marquée, plus l'instrument s'abaisse.

« *Ce quatrième temps* » du cathétérisme étant en rapport avec le volume de la prostate, permet ainsi d'apprécier l'importance de l'obstacle opposé à la miction. Allongement du canal, déformation de la paroi postérieure, ce sont là des notions bien plus importantes que le volume de la saillie rectale.

Quand elles ont permis de diagnostiquer une prostate très grosse, à plus forte raison si cette prostate entraîne des troubles de compression, on peut intervenir même dès la première crise de rétention.

Si, au contraire, la prostate est moyenne, il faut attendre que la miction se rétablisse et suivre le malade tout en surveillant la vessie. Cette surveillance doit être stricte, de façon à pouvoir opérer dès que le résidu apparaît. Quand le résidu est trop considérable, en effet, l'extirpation de la prostate ne donne plus de bons résultats.

Les rétentionnistes incomplets en bénéficient moins que les rétentionnistes incomplets.

C'est probablement, ainsi que nous l'avons vu plus haut, parce que les rétentionnistes incomplets se soignent naturellement moins que les rétentionnistes complets, et laissent ainsi péricliter leur vessie.

Voici du reste les résultats de l'opération dans les divers cas de rétention d'après l'importante communication d'Albarran à la Société de chirurgie, le 15 octobre 1902 :

« 1° *Rétentions de date récente* (1). — Cette catégorie comprend 4 malades ayant tous des rétentions complètes d'urine datant de treize à vingt et un jours ; 3 d'entre eux avaient déjà eu d'autres rétentions. Ces 4 malades sont guéris ; ils vident parfaitement leur vessie,

2.	8 mois après l'opération.
1.	11 — — —
1.	15 m. 1/2 — —

2° *Rétentions chroniques incomplètes.* — Les 14 malades de ce groupe se répartissent ainsi : 8 opérés depuis six mois à un an, dont :

	RÉSIDU AVANT L'OPÉRATION	RÉSIDU AUX DERNIÈRES NOUVELLES
5. . .	De 100 à 550 grammes.	0
2. . .	De 100 à 200 —	30 à 80
1. . .	De 100 à 150 —	100 à 150

Cinq autres malades sont opérés depuis un an à treize mois et demi ; parmi eux :

	RÉSIDU AVANT L'OPÉRATION	RÉSIDU ACTUEL
3. . .	De 150 à 400 grammes.	0
1. . .	500 —	30
1. . .	De 150 à 200 —	100 à 150

On voit, d'après ces chiffres, que, sur les 13 malades atteints de rétention chronique incomplète que j'ai pu suivre de six à treize mois et demi après l'opération, 8 vidaient complètement leur vessie ; 3 autres gardaient un résidu moindre qu'avant l'opération, et les 2 derniers ont un résidu semblable à celui qu'ils avaient avant d'être opérés. Ces 2 malades étaient tous deux de vieux prosta-

(1) *Bull. et Mém. Soc. chirurgie*, 1902, t. XXVIII, p. 962.

tiques atteints de cystite et de pyélo-néphrite ; tous deux se servaient plusieurs fois par jour de la sonde. L'un ne se sonde plus que deux fois par semaine, l'autre tous les huit jours pour laver sa vessie. Ces deux malades sont améliorés, mais non guéris.

Un dernier malade de cette série, opéré en mars 1900, avait une rétention incomplète de 150 à 180 grammes; en octobre 1901, ce malade vidait sa vessie et ne se sondait plus ; en juin 1902, *deux ans et trois mois* après l'opération, j'ai su qu'il était toujours en bon état.

3° *Rétentions chroniques complètes.* — J'ai pu suivre 12 malades de cette catégorie :

Sept malades, chez qui la rétention complète datait de trois mois à dix ans, n'ont aucun résidu de six mois et demi à huit mois après l'opération.

Quatre autres malades, dont la rétention complète datait de huit mois à cinq ans, vident complètement leur vessie de treize à dix-huit mois après l'opération.

Le dernier de ces 12 malades était un vieillard de soixante-huit ans, en rétention complète depuis cinq ans; il avait une grosse prostate et un énorme calcul qui m'obligea à couper le col de la vessie. Opéré depuis treize mois et demi, ce malade m'écrit qu'il urine facilement, deux fois dans la nuit, mais que le jour il perd facilement ses urines. Il n'a plus dû se sonder depuis l'opération.

Il est remarquable de constater la guérison éloignée de tous ces malades, dont la rétention complète, au moment de l'opération, était souvent très ancienne. Un de ces malades avait une rétention complète depuis trois mois, 9 des rétentions datant de huit mois à deux ans; chez l'un, la rétention complète datait de cinq ans, et, chez un autre, de dix ans; ce dernier malade est opéré depuis neuf mois et demi.

Jetant un coup d'œil d'ensemble sur les résultats de la prostatectomie périnéale sur les malades qui ont pu être suivis plus de six mois, nous trouvons :

Sur 16 rétentions complètes d'urine, récentes ou très anciennes, 15 guérisons complètes se maintenant de six mois à un an et demi après l'opération ; 1 malade vidant sa vessie, mais ayant facilement de l'incontinence diurne.

Sur 14 rétentions chroniques incomplètes, 9 guérisons complètes de six mois à deux ans et trois mois après l'opération, 3 autres malades vidant à peu près bien leur vessie, et 2 améliorés, quoique ne vidant pas mieux leur vessie qu'avant l'opération.

J'ajoute que la plupart des opérés sentent le besoin d'uriner toutes les deux ou trois heures pendant le jour, et une, deux ou trois fois pendant la nuit.

Il est à remarquer que c'est dans le groupe de prostatiques avec rétention incomplète et chronique d'urine, que l'extirpation de la glande donne les moins bons résultats.

D'ailleurs, tous les traitements opératoires de l'hypertrophie de la prostate, et, notamment, l'opération de Bottini, réussissent mieux dans les cas de rétention complète que dans ceux de rétention incomplète.

Parmi mes opérés, il en est 2 atteints de rétention chronique incomplète qui, quoique très améliorés dans leurs symptômes, conservent le même résidu qu'avant l'opération. Chez tous deux, il existait une cystite très ancienne, et sans doute leur vessie est très sclérosée. Ces deux malades avaient relativement de petites prostates, puisque le poids de glande enlevée ne dépassait pas 20 grammes; mais j'ai vu 5 autres malades, dont la glande n'était pas plus grosse, guéris après l'opération. Le volume de la glande n'est donc pas tout, et il nous faudra encore une plus grande expérience avant que de pouvoir fixer, avec certitude, le pronostic pré-opératoire au point de vue de l'urine résiduale dans les rétentions chroniques incomplètes des prostatiques. »

Ainsi, dans les cas où la prostate crée un obstacle manifeste à la miction, il y a « une indication primordiale » à empêcher les progrès de l'insuffisance. Cette indication, l'usage raisonné du cathétérisme permet souvent de la remplir (1), mais lorsque le malade ne peut ou ne veut se soumettre à ce cathéterisme régulier, la prostatectomie seule peut empêcher la déchéance. A côté de ces cas se trouvent ceux des *prostatiques sans prostate*, qui rendent la question particulièrement difficile et qui commandent la réserve. « Le prostatisme vésical (2), en effet, sur lequel M. Guyon a depuis

---

(1) J.-C. Félix Guyon. Leçons cliniques, IVe édit., t. I, p. 197.
(2) Id., *ibid.*, p. 196.

longtemps attiré l'attention (1), est caractérisé cliniquement par une rétention plus ou moins complète que n'expliquent ni un obstacle prostatique, ni des lésions nerveuses. La rétention est sous la dépendance directe d'une altération primitive du muscle vésical ; l'évacuation de l'urine ne peut être que palliative ». C'est qu'en effet « les recherches anatomo-pathologiques les plus récentes et les mieux faites montrent, de façon positive, que des troubles de nutrition régressifs interviennent dans la pathogénie des lésions qui modifient le muscle vésical des prostatiques. MM. Hallé et Motz admettent, comme M. Ciechanowski, qu'il faut les regarder comme des *lésions trophiques primitives* dont l'âge semble la seule cause appréciable. Le processus inflammatoire chronique, disent ces auteurs, joint à l'obstacle au cours de l'urine, ne suffit pas à les expliquer toutes. »

On voit combien la question de ces « prostatiques sans prostate » est encore complexe. De même la cause de la rétention chez certains malades à prostate scléreuse et restée petite est encore mal élucidée. Aussi, à l'heure actuelle, si nous envisageons non l'époque de l'intervention mais la nature même des cas qui relèvent de l'intervention, nous voyons que la notion de rétention serait insuffisante à elle seule si l'investigation clinique ne nous permettait d'apprécier un obstacle assez notable pour l'expliquer ; obstacle

(1) J.-C. Félix Guyon. Prostatisme vésical. *Annales génito-urinaires*, 1889, p. 65.

dont la présence est nécessaire pour que l'opération puisse donner un bon résultat.

A côté de la crainte de la déchéance vésicale, trois autres indications peuvent dicter l'intervention. Ce sont :

L'hématurie et les difficultés du cathétérisme ;

L'infection ;

La présence de calculs.

L'hématurie peut se présenter sous deux formes. Il est des malades chez lesquels le cathétérisme le mieux fait entraîne l'hémorragie ; c'est là une indication opératoire. Elle existe également lorsque le cathétérisme est très difficile, alors qu'il doit être pratiqué fréquemment. Dans ces cas, du reste, la prostate est habituellement volumineuse.

Dans les autres formes d'hématurie prostatique, l'opération donne de bons résultats; il est, en effet, des cas — et nous en donnons un exemple — où une tumeur intra-prostatique entraîne la répétition des hémorragies. Les autres relèvent de poussées congestives que l'opération fait naturellement disparaître.

L'infection, nous l'avons vu, est une nouvelle cause d'intervention ; il est des bas-fonds qu'on ne peut désinfecter complètement qu'en pratiquant la prostatectomie et en drainant ainsi très largement la vessie. C'est alors le meilleur moyen d'éviter la grande infection et également ces poussées de cystite à répétition qui ont vite raison du muscle vésical.

Dans des conditions analogues, l'accumulation de calculs, à plus forte raison secondaires, dans un bas-fond prostatique, vient à l'appui de la protatectomie. L'opération enlève le ou les calculs et surtout, supprimant le bas-fond, empêche la récidive si fréquente.

Tout en se laissant guider par ces diverses indications opératoires, il faut bien se souvenir que, si précises soient-elles, on doit toujours leur opposer : l'âge des malades, l'état des reins. La valeur de ces deux notions varie du reste avec chaque cas particulier, certains malades étant plus résistants à 70 que d'autres à 60 ans, et, d'autre part, des lésions rénales, même anciennes, bénéficiant parfois de la prostatectomie. Il n'en est pas moins vrai qu'un examen soigneux de la fonction rénale doit être fait avant l'intervention pour se mettre autant que possible à l'abri de cette terrible et toujours possible complication de la chirurgie urinaire : le choc rénal.

CHAPITRE IV

INSTRUMENTATION. — PRÉPARATION DU MALADE

SOMMAIRE. — Position périnéale inversée. — Ses avantages. — Manière de l'obtenir. — Pupitre lombaire et porte-jambes. — La valve sus-coccygienne. — Sa fixation automatique. — Écarteur antérieur. — Le principe des désenclaveurs. — Description du désenclaveur de de Pezzer. — Les ennuis du cathétérisme les premiers jours. — Modèle de béquille se chargeant sur conducteur. — Préparation du malade.

La prostatectomie peut se pratiquer sans instrumentation spéciale ; il suffit d'avoir des valves d'hystérectomie courtes et étroites, des pinces à abaissement, des pinces hémostatiques et de Kocher, des écarteurs de Farabeuf, un bistouri, une pince à disséquer, un cathéter et une sonde métalliques ; mais il est des instruments qui en rendent l'exécution plus facile. On verra du reste qu'il est souvent aisé de les improviser.

Trois choses sont importantes au cours de la prostatectomie :

(*a*) Bien placer son malade ;

(*b*) Agrandir et éclairer le champ opératoire ;

(*c*) Abaisser la prostate ;

Une enfin est capitale dans les jours qui suivent :

(*d*) Assurer le cathétérisme et le renouvellement de la sonde.

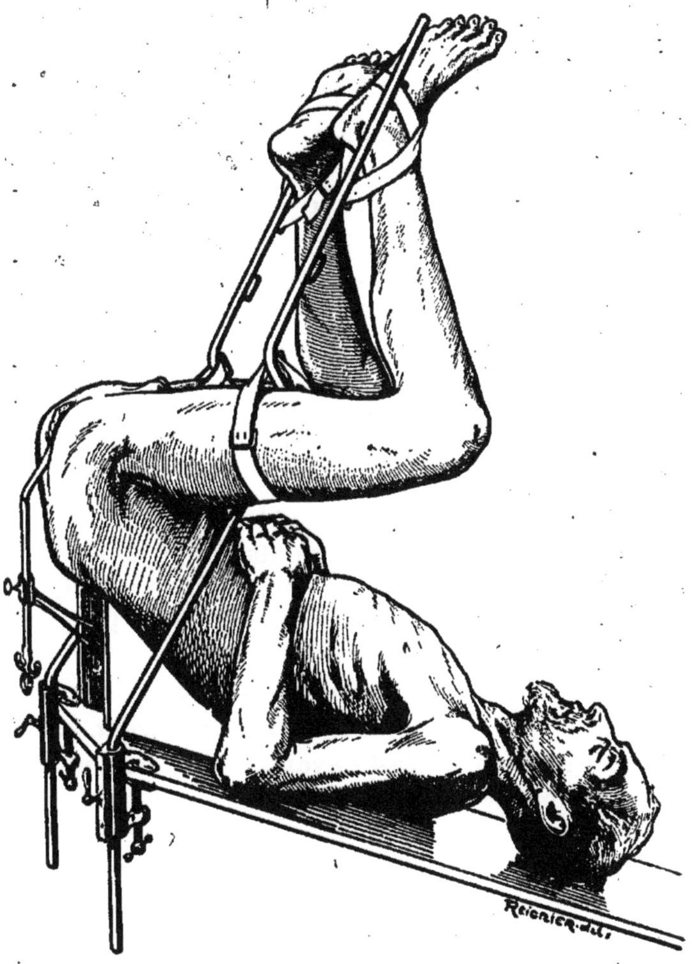

Fig. 16.

— *a*) Occupons-nous tout d'abord de la position. J'ai eu occasion de décrire, sous le nom de *position périnéale inversée,* une position qui me paraît faciliter beaucoup la prostatectomie ; je rappelle en deux mots en quoi elle consiste et quels sont ses avantages.

C'est une position déclive (1) destinée à permettre le relèvement très exagéré du périnée. A cet effet, le malade est placé sur un plan incliné articulé qui lui soutient le dos et la région lombaire en le repliant de telle manière que son siège en entier dépasse le bord de la table ou, plus exactement, s'élève au-dessus de lui ; car la grande inclinaison de la colonne lombaire, oblique à plus de 45°, jointe au rabattement des cuisses, relève le sacrum jusqu'à la verticale, et le périnée se trouve être ainsi exactement horizontal. D'où le nom de position *sacro-verticale,* ou *périnéale inversée* (fig. 16 et 17, p. 89 et 91). Cette position présente les avantages suivants :

1° Tout d'abord le périnée est largement déplissé : ce n'est plus une rigole bordée par le relief des cuisses, c'est devenu une région plane à peine déprimée entre les ischions ;

2° Sur ce périnée horizontal on peut disposer des champs opératoires qui ne risquent pas de glisser. Enfin et surtout toute la région comprise entre l'anus et le coccyx est largement accessible, ce qui permet la facile rétropulsion de l'intestin ;

---

(1) Proust. La prostatectomie et la position périnéale inversée, *Presse médicale*, 1901, n° 87, 30 octobre.

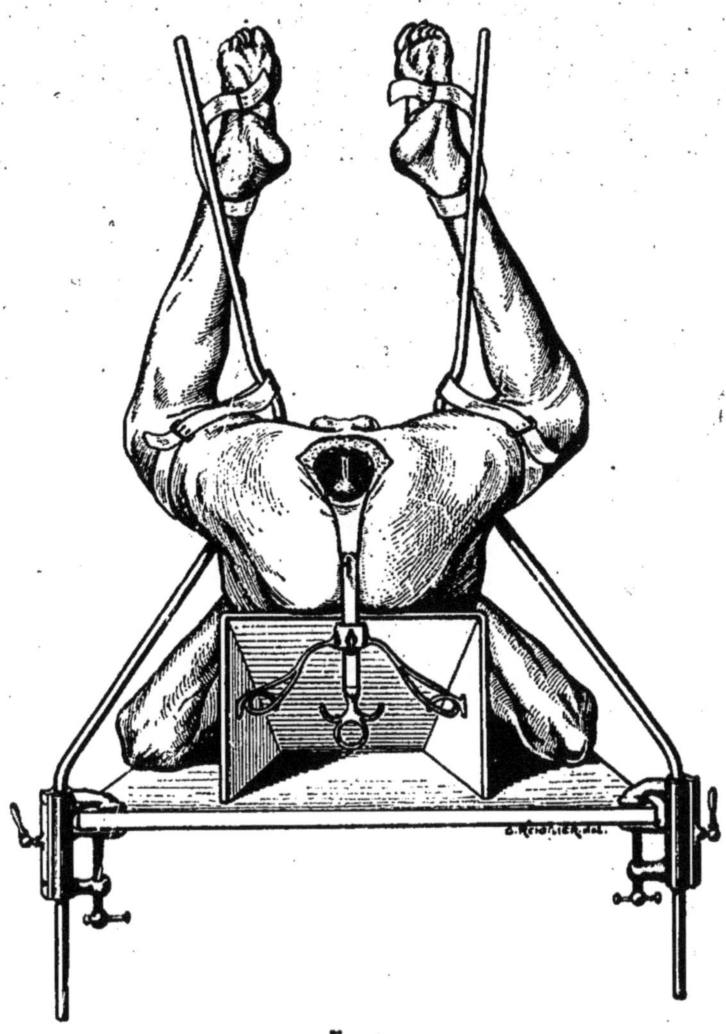

FIG. 17.

3° Lorsque la section des parties molles est effectuée, cette position permet, en tirant sur la valve rectale, de remonter directement la lèvre

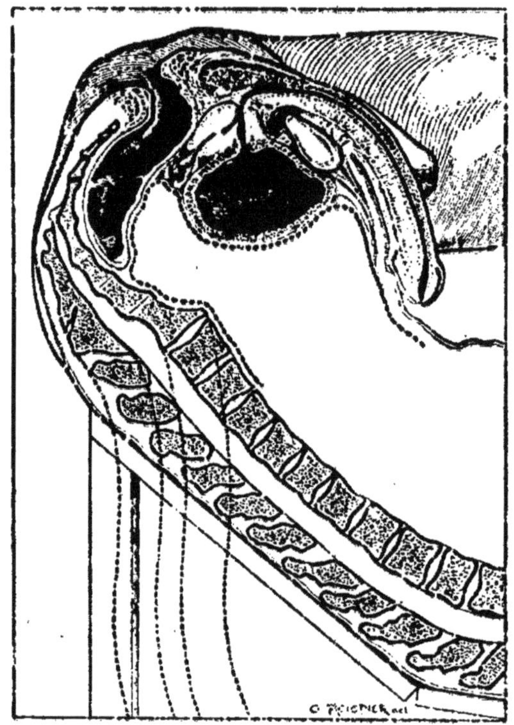

Fig. 18. — Coupe sagittale médiane d'un sujet placé dans la position précédente.

postérieure de l'incision vers le coccyx, et la face postérieure de la prostate apparaît directement à l'œil : on se trouve ainsi l'aborder par en arrière. (Pour les rapports des organes dans cette position voir la fig. 18, p. 92.)

On la voit donc mieux et on est plus à l'aise pour évoluer qu'en se contentant de l'espace compris entre les branches ischio-pubiennes: j'ai eu la bonne fortune d'avoir entre les mains une pièce sèche jadis préparée par M. le Pr Terrier. Elle se trouve démontrer d'une manière schématique la valeur inégale des deux arrivées sur la prostate, par l'espace inter-ischio-pubien, étroite fenêtre osseuse ne conduisant que sur le bec de la prostate, (fig. 19, p. 94) et par l'espace inter-ischio-coccygien, large ouverture conduisant sur la face postérieure tout entière.

Je l'ai fait représenter sous ces deux aspects, mais, pour frapper davantage, j'ai fait supposer sur le dessin postérieur le rectum récliné derrière la colonne sacro-coccygienne comme au cours de l'opération. (Voir fig. 20, p. 95.)

Ainsi, *étalement du périnée, facile abaissement du rectum, bonne orientation du champ opératoire,* tels sont les avantages de cette position.

Pour la réaliser simplement sur une table quelconque il suffit d'avoir :

Un pupitre lombaire ;

Des porte-jambes.

Le pupitre est, comme son nom l'indique, un plan incliné ; il est oblique à 45° lorsqu'il est déplié et peut se rabattre jusqu'à l'horizontale ; on peut ne le relever qu'à 30° si l'on veut. On l'assujettit directement à la table qu'on emploie.

Les porte-jambes sont des porte-jambes de Doyen légèrement modifiés, voici en quoi : au lieu de passer en dehors des cuisses, ils passent au-dessous, puis en dedans d'elles, de façon à maintenir leur écartement; se coudant alors à nouveau ils viennent se placer immédiatement en dehors

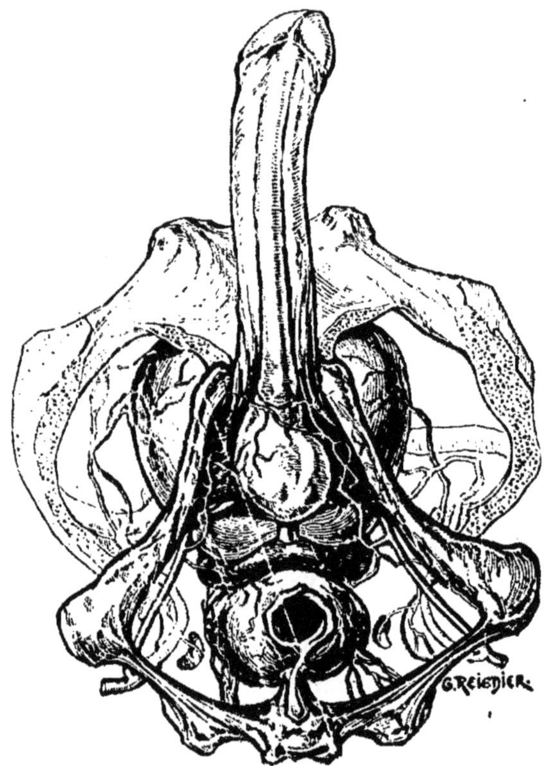

Fig. 19. — Demi-schématique d'après une pièce de vaisseaux de la prostate. Vue inférieure.

des pieds qu'ils immobilisent; mais ils les fixent en arrière, loin de l'opérateur. Vue en profil la jambe est exactement verticale, à angle droit par conséquent sur la cuisse (fig. 16, p. 89).

Des sangles passées dans les anneaux fixent aux

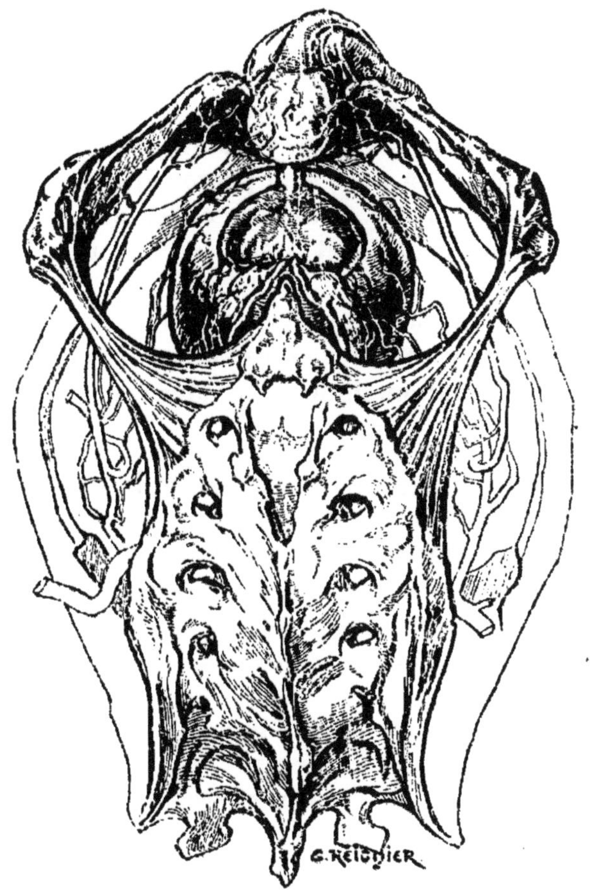

Fig. 20. — La même, vue postérieure. Le rectum est supposé récliné.

porte-jambes les membres inférieurs préalablement revêtus de ouate.

Tout en maintenant le bassin, ces porte-jambes

empêchent le malade de glisser en arrière, si bien qu'on peut même se passer des épaulières que j'employais au début : on sait du reste que celles de la table de Jayle, la meilleure et la plus employée habituellement, sont mobiles.

Telle est la fixation schématique et la plus simple, mais on peut s'en passer et maintenir un malade dans cette situation en se servant d'un volumineux coussin et grâce au concours d'aides en nombre suffisant.

La fixation par supports a surtout comme avantage de supprimer des aides ; elle permet, de plus, le maintien automatique de la valve rectale, comme nous allons le voir bientôt.

— *b*) Pour agrandir et éclairer le champ opératoire il faut de bonnes valves.

La valve postérieure a pour office de rétracter tout ensemble le rectum et la peau, — le lambeau recto-cutané —, jusqu'au coccyx qu'elle vient embrasser dans sa concavité. C'est une valve *sus-coccygienne*.

J'ai donc fait construire une valve (fig. 21) assez étroite pour passer entre les ischions, assez courte pour ne pas creuser outre mesure le champ opératoire (1): j'ai récemment introduit une modification à l'emploi de cette valve.

Mon maître Albarran a, dès le début de la prostatectomie, insisté sur l'avantage de la fixation automatique de la valve postérieure, fixation qu'il

---

(1) Il y a deux modèles de valves suivant le volume de l'ampoule rectale.

réalisait en solidarisant cette valve avec une plaque glissée sous les fesses du malade (1).

Ne pouvant employer cette fixation, puisque les fesses du malade ne reposent plus sur la table, mais voulant néanmoins imiter cette pratique,

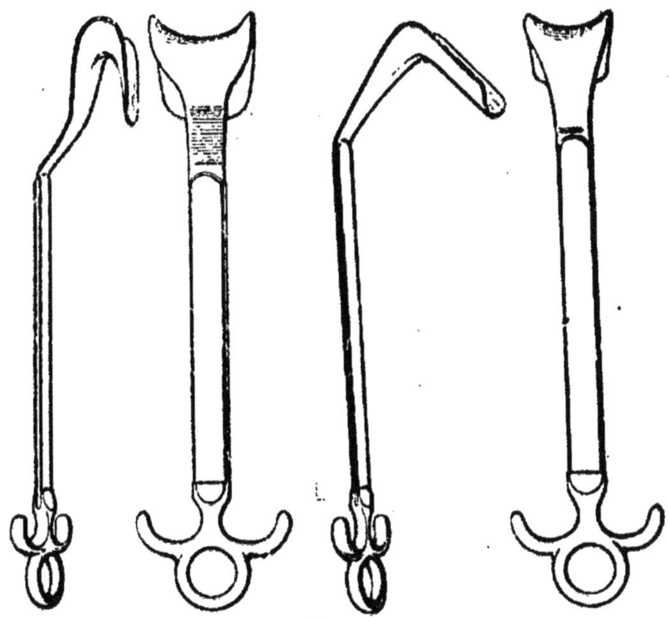

Fig. 21.

j'ai employé la fixation automatique de Doyen : On sait que ce chirurgien a imaginé pour sa valve sus-pubienne un manche terminé par un anneau, manche dont la portion moyenne aplatie glisse dans la *mâchoire* d'un appareil très ingénieux : l'appui fémoral qu'on place sous les cuisses de la malade ;

(1) *Thèse* Petit, p. 254.

j'ai demandé à M. Collin de placer un manche de Doyen aux valves que j'emploie, et la fixation très simple et extemporanée de l'appui fémoral au pupitre lombaire tire la valve exactement suivant la verticale.

L'appui fémoral tient simplement par la pression de ses branches contre les tiges verticales du pupitre (voy. fig. 22, p. 98). Si l'on emploie un

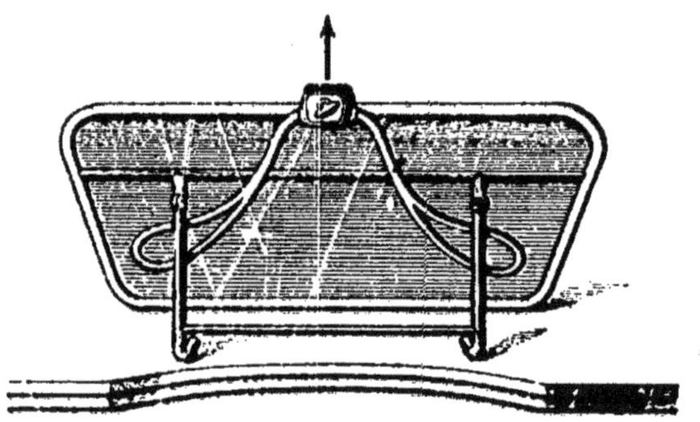

Fig. 22. — Appui fémoral de Doyen, tenant par simple pression contre les tiges du pupitre lombaire.

pupitre fixe construit par n'importe quel menuisier, comme fig. 7, rien n'est plus simple que d'y fixer de petits crochets (fig. 17, p. 91).

Sur les côtés on a souvent besoin de s'éclairer en opérant(voy. fig. 37, p. 125). Il faut employer une petite valve de Doyen.

En avant il est besoin aussi d'écarter le périnée ; dans ce but j'ai fait construire un écarteur à manche en T, bifurqué à son extrémité, c'est-à-dire sur le modèle de l'écarteur de Quénu ; mais j'ai choisi des mors un peu différents. Ce sont des mors plats comme ceux qui terminent les écarteurs de Farabeuf (fig. 23, p. 99) ; séparés par un intervalle qui correspond largement à l'urètre, ils sont inclinés l'un sur l'autre de façon à s'accommoder à l'orientation des branches ischio-pubiennes.

L'écarteur rapproche donc la lèvre antérieure de l'incision de la symphyse ; en même temps, il soulève le périnée, et tend l'urètre membraneux.

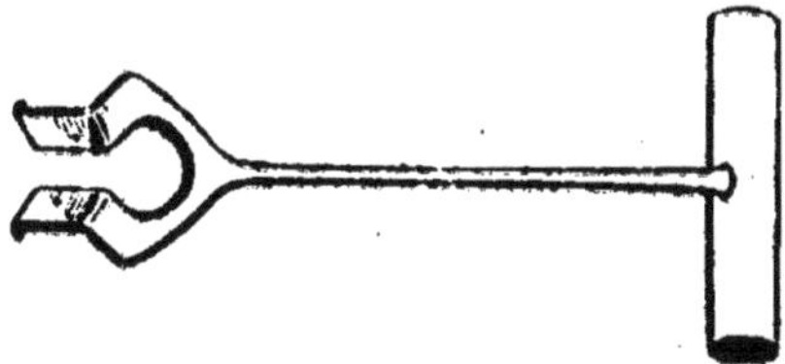

Fig. 23.

— c) *Désenclaveur.*

Une des conditions nécessaires pour l'ablation de la prostate est de pouvoir provoquer l'abaissement de la glande. Lorsque j'ai étudié et répété les premiers procédés de prostatectomie, et en particulier celui d'Alexander (1), j'ai vu toute l'importance qu'il faut attacher à cet abaissement. Alexander le produit en introduisant deux doigts dans la vessie par une taille sus-pubienne, et en refoulant ainsi la prostate vers le périnée.

C'est un des gros avantages de l'ouverture urétrale au cours de la prostatectomie strictement

(1) Voir la description d'Alexander in Proust : La prostatectomie périnéale totale. *Thèse*, Paris, 1900, p. 44.

périnéale de permettre à l'opérateur de mettre le doigt dans la vessie et de faire ainsi descendre celle-ci vers le champ opératoire (1).

Mais cette introduction du doigt, pour efficace qu'elle soit, n'est souvent possible que lorsqu'une notable partie de la prostate a été enlevée; d'autre part elle a l'inconvénient de souiller les mains de l'opérateur dès le début; c'est pour cela que j'ai été amené à imaginer un instrument qui agisse comme le doigt, mais comme un doigt plus long : c'est *le désenclaveur.*

L'appareil que j'ai conçu alors présentait un bec semblable à celui d'un explorateur Guyon et c'est lui qui accrochait et abaissait la vessie. Je passe sur sa description qui n'a plus qu'un intérêt rétrospectif, car il y a des modèles plus récents.

Il y a un désenclaveur d'Albarran (2) et un désenclaveur de De Pezzer. Celui-ci, très ingénieux, me semble être le meilleur à l'heure actuelle.

Fermé, c'est encore un explorateur Guyon, mais ouvert, ce bec se dédouble et prend la forme d'un T. Il vient ainsi se développer suivant le

---

(1) Il est intéressant de voir les Américains apprécier de même cette ouverture urétrale. Le Dr Huntington dit : « Un point que n'a peut-être pas suffisamment fait ressortir le Dr Goodfellow, c'est le grand avantage qu'a l'opérateur à mettre le doigt dans la vessie; cela lui permet de faire descendre aussi la prostate vers le champ opératoire, en l'en rendant absolument maître. Dans l'opération d'Alexander, le même but est atteint par la cystostomie sus-pubienne préliminaire; mais il est évident que ce procédé accroît matériellement le danger pour le malade. » Compte rendu de l'Académie de médecine de Californie in *Occidental Medical Times*. San Francisco, juin 1902.

(2) Voir description in *Thèse* Petit, p. 255.

diamètre transverse de la vessie et vient s'épauler au col.

Son action est très énergique et il n'y a pas de danger de blesser la vessie.

Deux petites poignées sont implantées verticalement sur le manche de l'instrument : lorsqu'elles s'emboîtent, c'est que les becs s'emboîtent aussi, lorsqu'elles sont dans le prolongement l'une de

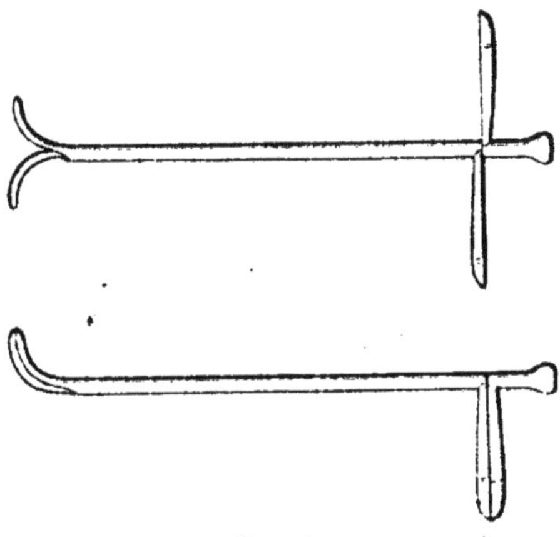

Fig. 24.

l'autre, c'est que l'instrument est déployé (voy. fig. 24, p. 101); je reviendrai plus loin sur le mode d'emploi du désenclaveur en général.

Pour faciliter le cathétérisme dans les premiers jours qui suivent l'opération, M. Eynard a modifié à mon intention des sondes-béquilles de la manière suivante : elles présentent au niveau de la portion coudée un orifice allongé qui respecte complètement le talon de la sonde et vient se terminer par une encoche effilée au niveau du bec.

Ainsi conditionnées, ces sondes présentent les avantages des sondes-béquilles, mais, en plus, elles peuvent être passées ou changées sur conducteur comme les sondes à bout coupé; et, dans ce passage, le bec, appuyant sur la paroi supérieure, déplisse la muqueuse devant lui (fig. 25, p. 102), sans appuyer nullement sur la paroi inférieure.

Avant de décrire le manuel opératoire, quelques réflexions sont encore à faire à propos de la préparation du malade.

Fig. 25.

Il faut, en effet, s'occuper de son urètre, de sa vessie, de son rectum.

Tout d'abord il faut veiller à ce que le canal soit en bon état; la condition *sine qua non*, pour que le cours des urines se rétablisse bien par la verge après l'opération, c'est qu'il n'y ait pas de rétrécissement; si donc on en trouve même de larges, le malade sera dilaté. Il y a un gros avantage aussi à soigner l'urétrite chronique qui bien souvent se rencontre chez ces vieux se sondant fréquemment et mal.

Ils ont de même de la cystite, fréquemment de la cystite calculeuse, car leur bas-fond est souvent habité. Il faut savoir qu'on ne doit entreprendre l'opération qu'après avoir désinfecté le plus possible cette vessie, et surtout après l'avoir rendue *tolérante*(1). Par l'ensemble de ces préparatifs, il faut se reporter aux leçons cliniques du Pr Guyon et voir comment on doit préparer un malade en vue de la lithotritie.

Il faut enfin prendre garde que le rectum soit complètement évacué. Le mieux est de purger copieusement le malade et de le lavementer deux jours avant l'opération. Puis, la veille, on le constipe fortement, et le matin même on fait faire un lavage rectal au doigt pour s'assurer que l'ampoule est bien vide et l'aseptiser autant que possible.

---

(1) Voir *Les conditions de l'intervention dans la chirurgie urinaire* par le Pr Guyon. *Presse médicale*, 1901, n° 101, 17 décembre.

CHAPITRE V

MANUEL OPÉRATOIRE

Sommaire. — Incision cutanée et décollement du bulbe. — Son volume chez le vieillard. Section du raphé superficiel. — Isolement des releveurs. — Découverte du muscle recto-urétral. — Sa section. — Ouverture de l'espace décollable rétroprostatique. — Des moyens de reconnaître qu'on est dans le bon plan. — Pose de la valve postérieure et de l'écarteur antérieur. — Ouverture de la loge prostatique. — Isolement de la prostate ; il doit être pratiqué soigneusement et aussi en avant que possible. — Hémisection et ablation. — La question du morcellement. — L'ablation des tumeurs intravésicales ou intraprostatiques. — Vérification, suture et cystodrainage périnéal. — Pansement. — Soins postopératoires.

Pour bien marquer les phases de l'opération, nous lui décrirons six temps.

Le malade est maintenu en *position périnéale inversée* (fig. 26). Ses jambes et ses cuisses sont ouatées et recouvertes de bandes de tarlatane roulées. La vessie a été lavée soigneusement pendant que le malade était encore dans le décubitus horizontal, et complètement évacuée.

Un cathéter est laissé dans l'urètre. L'aide le maintient sur la ligne médiane, mais loin « d'en coucher le manche sur le ventre du malade pour en faire saillir la partie convexe au périnée », il redresse ce manche et l'élève au maximum, pour appliquer le canal contre les pubis. Il faut bien savoir, en effet, qu'il ne s'agit pas, comme dans la taille, *de venir ouvrir l'urètre membraneux*, mais de l'éviter, et, cheminant entre lui et le coude rectal, d'arriver dans l'espace inter-prostato-rectal. — Si j'insiste à ce point, c'est que l'aide est natu-

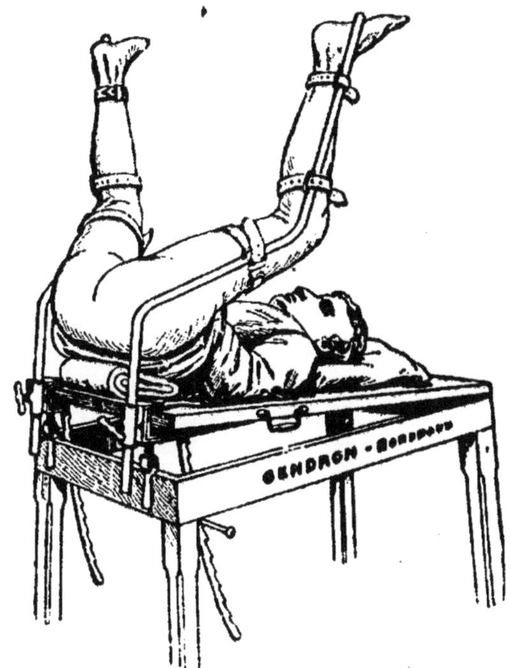

FIG. 26. — Table et supports du Dr Loumeau (de Bordeaux). (Cliché communiqué.)

rellement porté à faire saillir l'urètre au niveau du périnée : il rétrécit ainsi l'aire du triangle urétro-rectal où l'on doit évoluer, et le bulbe, aplati par cette manœuvre même, est plus difficile à contourner.

1er temps : Incision cutanée ; découverte et décollement du bulbe ; section du raphé superficiel. — On pratique alors une incision concave en arrière, allant d'un ischion à l'autre et passant à deux travers de doigt au devant de l'anus (fig. 27,

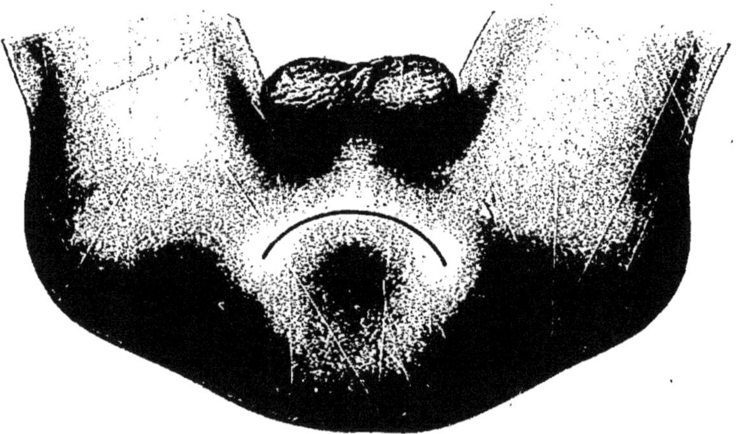

Fig. 27. — Tracé de l'incision prérectale.

page 106) ; on coupe ainsi la peau et le tissu cellulaire sous-cutané. Bientôt on voit se dessiner une saillie sur la ligne médiane ; elle est au droit de la lèvre antérieure de l'incision. Deux coups de sonde cannelée et cette saillie se précise : c'est le renflement bulbaire doublé des muscles bulbo-caverneux et bordé des transverses (fig. 28, page 107). Sur eux vient se fixer la pointe antérieure du sphincter externe de l'anus : chez les sujets encore jeunes, le bulbe est resté petit et la pointe du sphincter correspond à son extrémité postérieure.

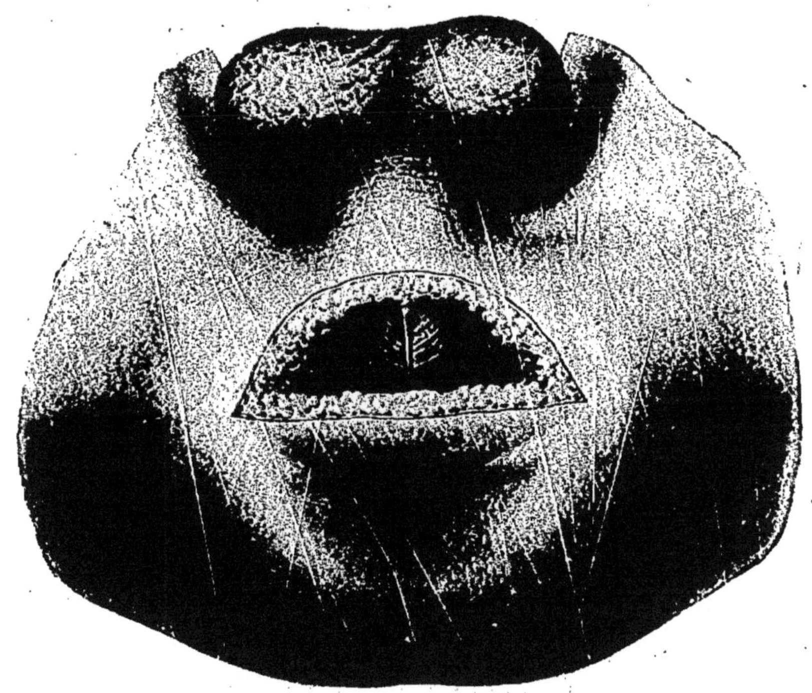

Fig. 28. — Découverte du bulbe.

Chez les sujets âgés, le bulbe, en s'hypertrophiant, est venu s'insinuer sous l'extrémité antérieure de ce sphincter et a ainsi cheminé sous lui : cette extrémité antérieure du sphincter n'est donc plus au niveau de l'extrémité postérieure du bulbe, mais en plein sur sa face inférieure. Pour bien la mettre en évidence, il suffit de refouler fortement en arrière la lèvre postérieure de l'incision sur laquelle est fixée une pince de Kocher. Ce faisant, on voit se tendre une cordelette musculaire médiane et antéro-postérieure qui part de l'anus pour venir sur le bulbe.

Cette cordelette musculaire, le raphé superficiel ano-bulbaire, est saisie entre deux pinces (fig. 29, page 109) et divisée sans crainte ; là il n'y a pas danger de blesser le rectum ; c'est plus profondément que son obliquité l'aura amené assez en avant pour créer une difficulté.

On repère alors l'extrémité antérieure de la bandelette sectionnée, on la relève, et ainsi on commence naturellement à contourner le bulbe. On le contourne très en arrière chez le vieillard ; on a soin en le faisant de respecter la gangue musculaire qui l'entoure : elle est là, formée par les transverses, et, à mesure que la pince tire sur le bulbe, leurs bords postérieurs deviennent plus nets ; on peut les isoler jusqu'à l'ischion. Cet isolement est doublement important : il permet de pénétrer dans la profondeur sans hémorragie, il va également permettre d'atteindre sûrement le deuxième point de repère (fig. 30, page 111).

Le premier temps opératoire est terminé ; il

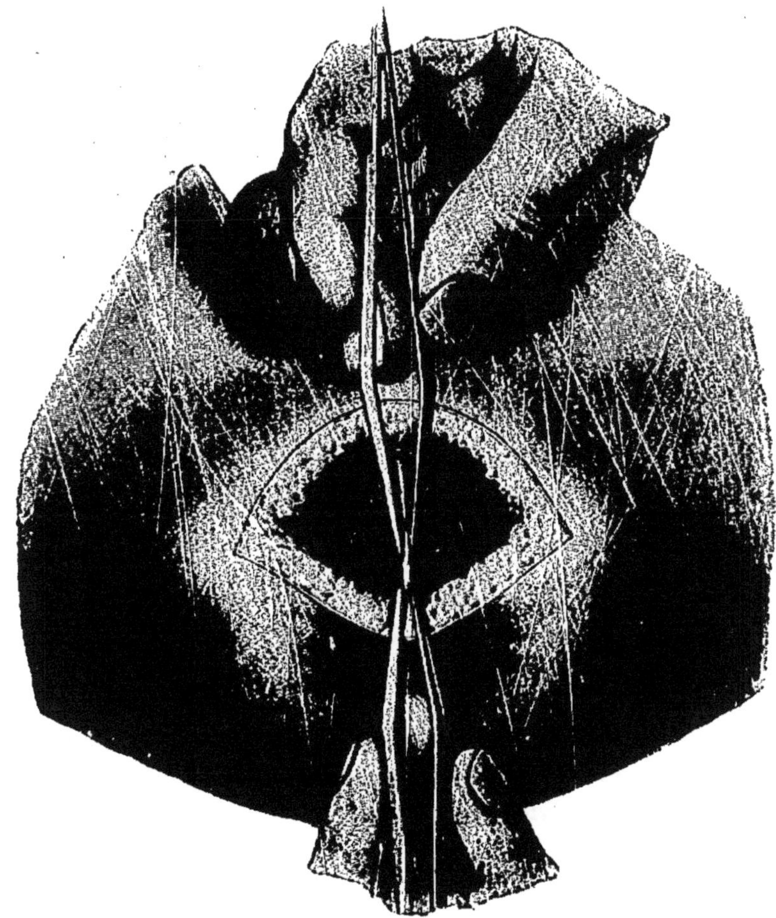

Fig. 29. — Section du raphé superficiel ano-bulbaire.

consiste, en somme, à sectionner l'attache ano-bulbaire et à pratiquer le décollement rétro-bulbaire (1).

2e temps. Isolement des releveurs. Découverte du muscle recto-urétral. — Maintenant le bulbe est relevé : on voit sur la ligne médiane une paroi régulière, sur les côtés deux faisceaux musculaires antéro-postérieurs. En tirant fortement en arrière sur la lèvre postérieure de l'incision, on met mieux ces détails en évidence ; la bande médiane, c'est la portion périnéale du rectum se continuant directement avec le muscle recto-urétral ; on a vu, par l'examen de la figure 7, page 33, combien le rectum se portait en avant ; ce n'est pas tout : plus on tire l'anus en arrière et plus le rectum devient horizontal.

Aussi un opérateur non prévenu le blesserait-il facilement ; tout au moins pourrait-il pénétrer dans l'épaisseur de ses parois au lieu d'entrer dans le bon espace décollable.

Sur les côtés sont les faisceaux antérieurs des releveurs ; ils pénètrent sous le bord postérieur de l'aponévrose moyenne, là où, bridé par le muscle *recto-urétral,* il vient former les *arcades semi-lunaires périnéales.*

Il faut aller tout de suite à ces releveurs de l'a-

---

(1) Il est quelquefois difficile de bien contourner le bulbe du vieillard, flasque et à contours indécis. L'hémorragie qui résulte de sa section n'est gênante que tant que cette section est incomplète ; quand elle est bien complète et bien nette, on rabat le bulbe en entier, et rien n'est plus simple que de mettre une pince ou une ligature en masse.

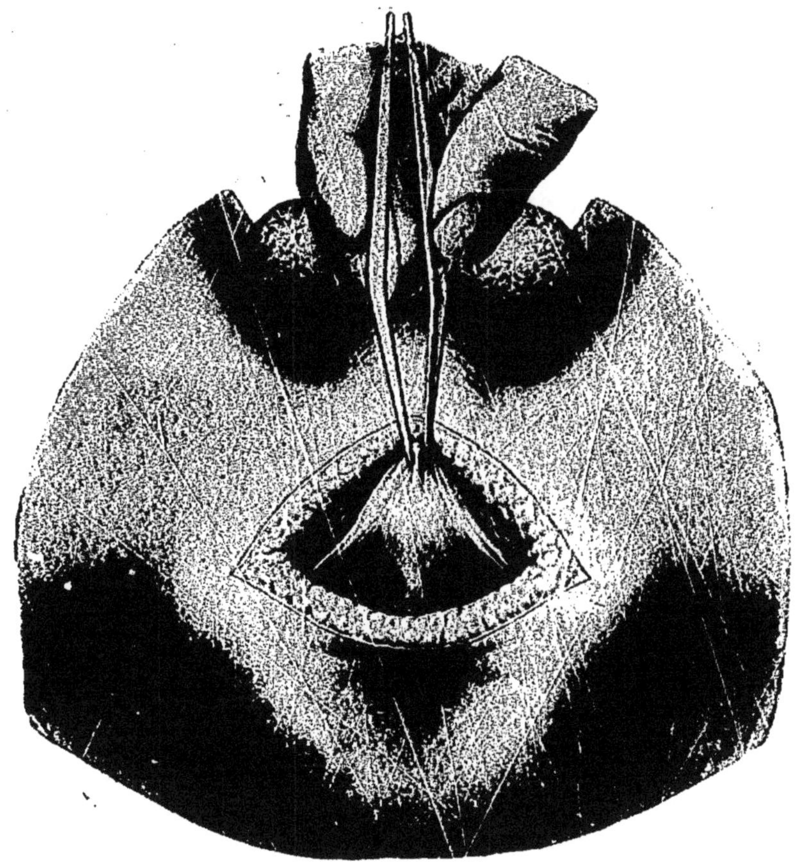

Fig. 30. — Décollement et relèvement du bulbe.

nus, et, de la sonde cannelée ou du doigt, isoler leur bord interne : pour cela, les faisant saillir par la rétropulsion de l'anus, on cherche à s'engager avec eux sous les arcades périnéales. Quand on les a ainsi facilement isolés de cette partie de leur gaine, rien n'est plus simple que, revenant d'avant en arrière, de les séparer sur toute leur longueur du muscle recto-urétral. On a ainsi deux lames sagittales libres : entre elles subsiste une formation médiane résistante.

Le tout présente un aspect caractéristique. Il faut voir cette disposition au cours de l'intervention, *mais savoir qu'à ce moment il est trop tôt encore pour chercher à décoller au doigt le rectum* ; il faut auparavant sectionner le muscle urétro-rectal qui est *la clef de l'espace décollable.*

Sa section doit porter exactement au bord postérieur de l'aponévrose moyenne, sur le prolongement des arcades périnéales par conséquent.

8e temps. Ouverture de l'espace décollable rétroprostatique. Pose de la valve postérieure. — La section se trouve être ainsi immédiatement au contact de l'urètre ; si le canal est rendu saillant par le cathéter, rien n'est plus simple que de passer au ras de sa face postérieure, en divisant le muscle recto-urétral (fig. 31, p. 113). L'anus se mobilise alors, entraînant en arrière avec lui cette échancrure en fer à cheval des releveurs comme un tiroir qu'on ouvre. L'espace décollable apparaît (fig. 32, page 115) ; deux coups de doigt, et il est béant : on y voit la face du rectum non plus dépolie,

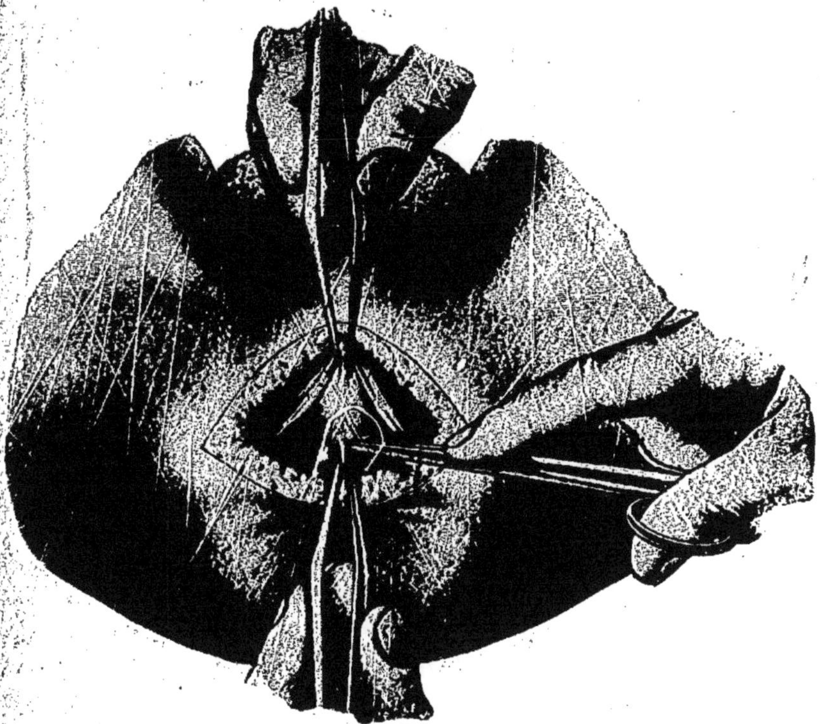

Fig. 31. — Section du muscle recto-urétral.

comme tout à l'heure, mais luisante, et pour ainsi dire flottante : on dirait d'une anse d'intestin dans la cavité péritonéale, reflétant les efforts du malade. Cette différence d'aspect de ces deux portions de la paroi antérieure du rectum est absolument caractéristique. En avant on voit un autre feuillet lisse (fig. 32, p. 115), le feuillet postérieur de la gaine prostatique. Tel est le bon décollement, celui qui est fait entre ces deux feuillets dont la coalescence a été si exactement décrite par Cunéo et Veau : ce résultat a été obtenu à une condition, c'est que la section ait été bien parallèle à l'urètre membraneux qui fuit légèrement en avant à mesure qu'il pénètre dans la profondeur du bassin. Lorsqu'on garde les ciseaux verticalement, on risque de couper le ligament un peu en arrière et de pénétrer dans une fausse zone décollable (fig. 7, p. 33) ; elle est située entre la musculeuse du rectum et l'aponévrose qui la recouvre. De cette erreur, quand elle se produit, on est averti par trois choses :

1° Le décollement ne se fait pas avec la facilité avec laquelle il devrait se faire ;

2° La paroi rectale qui limite cet espace ainsi vicieusement décollé est franchement musculaire ;

3° Enfin ce décollement saigne abondamment.

Lorsqu'on est ainsi averti, il faut se porter franchement en avant jusqu'à ce qu'on pénètre dans cette bourse séreuse dont l'aspect luisant est la preuve manifeste qu'on est dans le bon chemin.

Cet espace va jusqu'au cul-de-sac de Douglas : la paroi postérieure en est formée par le lambeau recto-cutané qui s'étend entre la lèvre postérieure

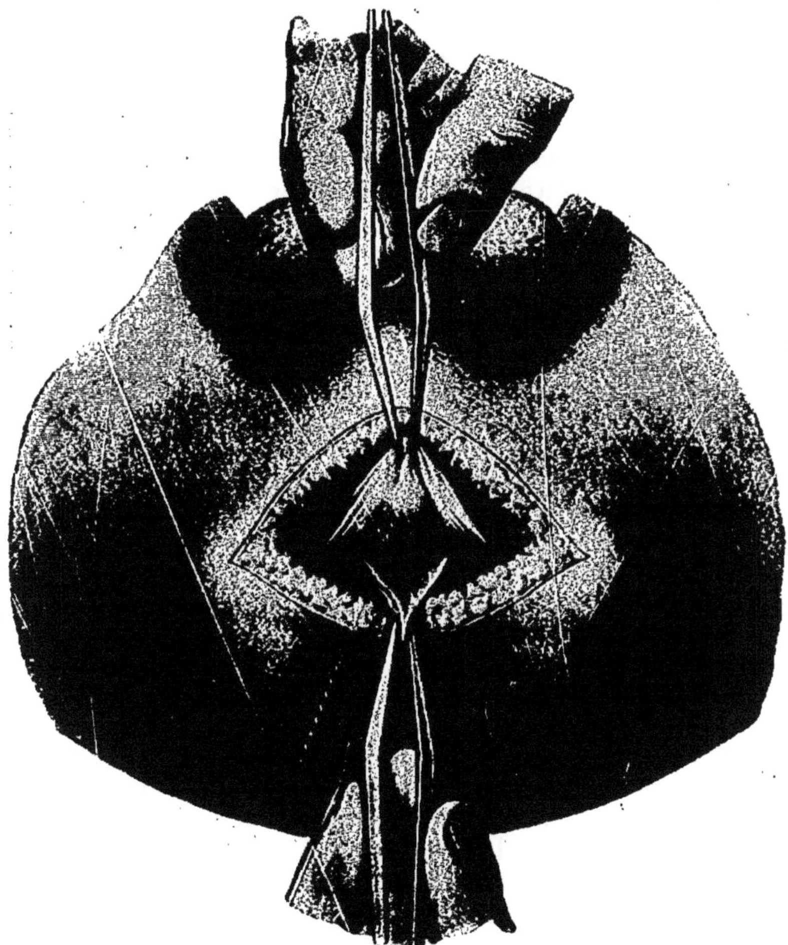

Fig. 32. — Ouverture de l'espace décollable rétro-prostatique.

de l'incision et le coccyx, lambeau qui cache la face postérieure de la prostate comme un véritable rideau. Pour permettre une bonne rétraction de ce lambeau, la position périnéale inversée rend de grands services.

En effet, quand un malade est dans la position de la taille, en rétractant la lèvre postérieure d'une incision prérectale, on amène cette lèvre vers le plan de la table, on l'écarte du pubis, mais on ne la remonte pas vers le coccyx. Au contraire, quand le bassin est complètement inversé, l'abaissement vertical de la valve remonte directement le lambeau cutané vers le coccyx, la valve vient directement encadrer l'os, d'où son nom de valve sus-coccygienne : elle découvre ainsi le petit bassin par derrière, montrant, plus haut que la prostate, les vésicules et même le cul-de-sac de Douglas.

Il est donc très important, au lieu d'élargir la plaie dans le sens antéro-postérieur, ce qui fait apparaître la prostate au fonds d'un puits, de l'élargir dans le sens vertical. Déjà Veerhoogen (1), grâce à la taille d'un lambeau postérieur, obtenait une cavité pyramidale très peu profonde. Là ce n'est plus une cavité pyramidale : la paroi postérieure tassée par la valve disparaît complètement ; ce devient une plaie béante.

Du reste, retirez la valve un instant : le rideau cutané remonte, on ne voit plus la prostate ; re-

---

(1) Veerhoogen. Ueber den perinealen Lappenschmitt bei Prostata-Operationen. *Centralblatt f. Krankh. d. Harn. u. Gén. Org.* Leipzig, 1896, VII.

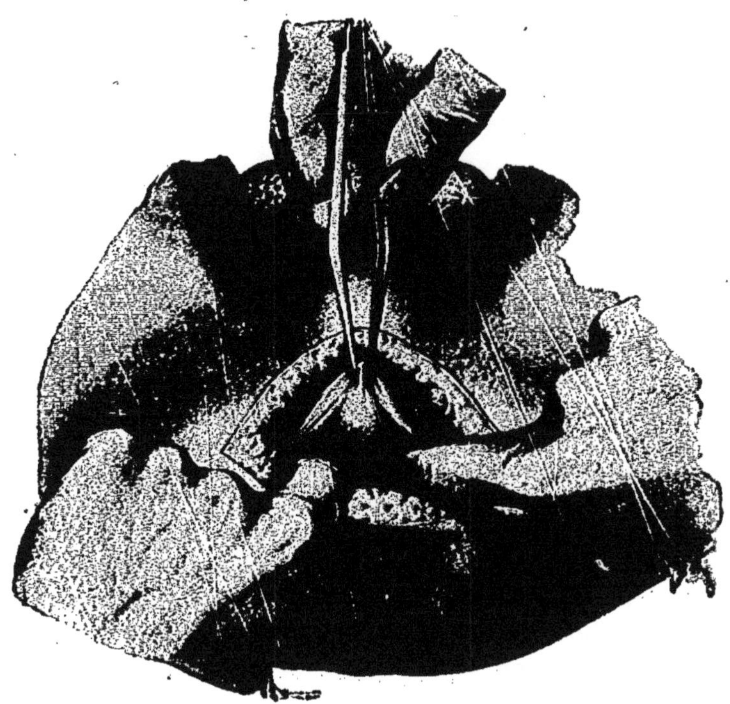

Fig. 33. — Agrandissement aux doigts de l'espace décollable.

placez-la : on voit toute l'étendue de l'espace décollable (fig. 34). Mais il faut pour cela une valve courte agissant comme un véritable crochet (Voir plus haut, page 97). La mise en place soigneuse de la valve présente donc une grande importance, d'autant

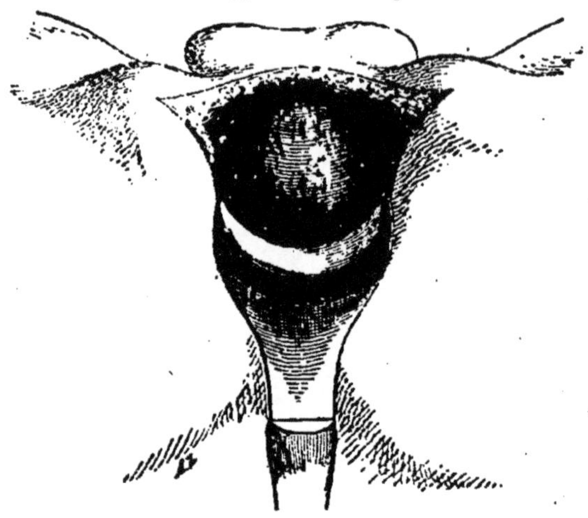

Fig. 34. — L'espace décollable est largement ouvert. La valve sus-coccygienne est placée. La face postérieure de la prostate est devant les yeux.

plus qu'elle va également protéger le rectum : on peut la confier à un aide, mais il vaut mieux utiliser la fixation automatique qui s'accommode fort bien à sa direction.

De même, en avant, on pose un écarteur. Son rôle est un peu différent : il n'y a pas à compter beaucoup sur le déplacement du périnée antérieur, quoiqu'il puisse se tasser un peu dans l'écartement des branches ischio-pubiennes ; il y a surtout avantage à soulever la tranche de section des parties molles et à séparer cette zone pariétale de la cavité où l'on va évoluer maintenant. On voit mieux ainsi où l'on est. L'instrument doit tendre et soulever : le mieux est de prendre un écarteur bifurqué de manière que, dans l'écartement des branches, se logent le bulbe et l'urètre.

4e temps. Ouverture de la loge prostatique. Taille de la collerette. Isolement de la prostate. — Lorsque le champ opératoire est ainsi agrandi, on voit une toile membraneuse qui recouvre la prostate et les vésicules séminales : ce rideau transversal, qui tapisse si parfaitement la face postérieure de la prostate, qu'à première vue on n'en distingue pas les bords, c'est la lame génitale, le feuillet antérieur de l'aponévrose de Denonvilliers.

Si l'on cherche, par le toucher, à reconnaitre, au travers de cette cloison, où commence, où finit la prostate, celle-ci fuit sous le doigt qui l'explore et devient plus profonde encore. On peut évidemment se servir du cathéter maintenu dans l'urètre depuis le début de l'opération pour faire saillir la glande, mais c'est surtout le bec qu'il fait saillir : aussi cette manœuvre donne-t-elle un point d'appui pour isoler le sommet de la prostate, mais ne fixe-t-elle pas la région cervicale. Quant aux pinces à abaissement, la prostate est encore trop plate pour qu'on puisse faire de bonnes prises.

Puisqu'on doit ouvrir l'urètre, le mieux est d'employer un désenclaveur, soit le mien, soit celui d'Albarran (1), soit celui de De Pezzer. Tous

---

(1) Voir la description in *Thèse* de Petit, p. 255.

rendent des services, mais je crois que le meilleur de beaucoup, à l'heure actuelle, est celui de De Pezzer que j'ai décrit plus haut (voir p. 100). Quels qu'ils soient, voici comment on les introduit :

On vient ouvrir l'urètre prostatique au bec de la glande : on le trouve d'autant plus facilement sur la ligne médiane qu'il est tendu par le cathéter mis dès le début de l'opération. Quitte à être accusé de redites, je répète encore que cette incision doit porter sur l'urètre prostatique et non sur l'urètre membraneux ; c'est pour cela qu'il est nécessaire d'avoir bien pénétré dans l'espace décollable avant de la pratiquer.

Dès que l'urètre est incisé, on repère avec soin les tranches de la muqueuse et l'on introduit un désenclaveur dans le canal. Cette introduction permet à l'opérateur de s'orienter sur la direction de l'urètre ; dans les cas d'hypertrophie assez accentuée, le canal, chose curieuse, se dirige *directement en avant* ; sur le sujet debout, *il serait couché sur la symphyse*. L'instrument, retourné ou déplié, vient accrocher le col et le fixer : il est confié à un aide qui le maintient sans force, pour éviter de déchirer la muqueuse cervicale.

Ce point d'appui suffit néanmoins à faire bomber la prostate (fig. 35, p. 121) ; on peut en déceler les bords : en dedans de ceux-ci, bordant la brèche urétrale, on met deux pinces à abaissement ; dans ces conditions on a une prise suffisante pour tailler la *collerette capsulaire*. On vient l'amorcer de chaque côté aux ciseaux, en dedans des bords de la glande ; dès qu'on a le bon plan de clivage

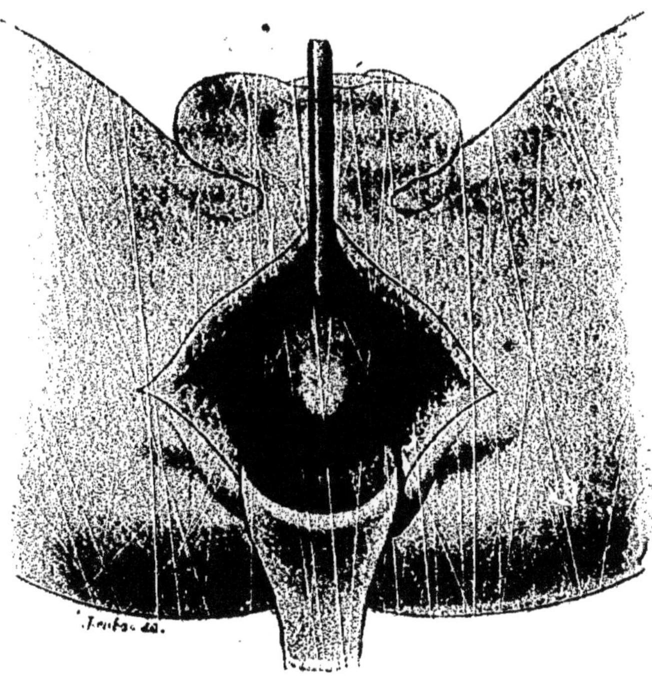

FIG. 35. — Aspect du champ opératoire vu d'en haut. Le désenclaveur a été ramené bec en arrière, et le manche, appuyé sur le pubis, fait saillir la prostate au delà des releveurs.

le doigt se met à isoler soigneusement la prostate des parois de sa loge ; on sent la glande se mobiliser au fur et à mesure : on en profite pour la faire basculer successivement à droite afin de la décoller à gauche, puis à gauche afin de la décoller à droite. Une valve latérale (fig. 37, p. 125) aide beaucoup dans cette manœuvre.

Le décollement doit se poursuivre jusqu'à ce que le doigt vienne en avant *buter sur le pubis,* au travers de la capsule décollée, en contournant le bord antérieur arrondi des pôles prostatiques.

Lorsque cette décortication très soignée a été poussée aussi loin que possible en avant, alors seulement on peut penser à l'ablation : *Le temps qu'on croit y avoir perdu est, au contraire, du temps gagné.*

5e temps. Hémisection et ablation. — On complète alors l'hémisection, en agrandissant l'ouverture urétrale (fig. 36, p. 123).

Quelle doit être la dimension de celle-ci ?

Elle doit être suffisante pour permettre aisément l'introduction du doigt, et le facile écartement des lobes ; mais elle doit rester urétrale, et il vaut mieux qu'elle n'intéresse pas le col de la vessie. On a peut-être exagéré les rapports entre cette blessure du col et l'incontinence (1), mais il est préférable que la section soit uniquement prostatique : du reste, dans les grosses hypertrophies, le col est si haut qu'il serait difficile de l'inciser au début.

(1) Il semble que ce soit plutôt la dilacération étendue de l'urètre membraneux qui entraîne l'incontinence.

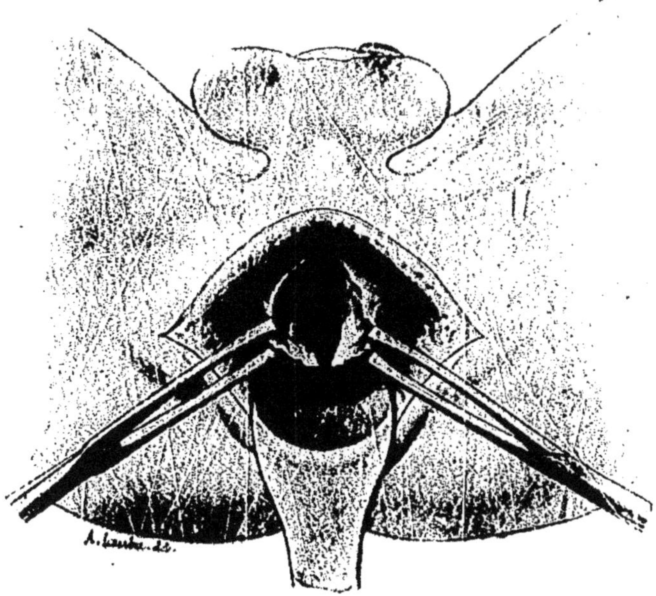

Fig. 36. — L'hémisection de la prostate a été pratiquée sur le désenclaveur. Puis l'instrument a été retiré. Des pinces écartent les deux lobes. On voit la coupe du tissu prostatique bordé par la tranche urétrale.

Quand la prostate, ainsi divisée, est bien mobilisable, *après avoir encore une fois reconnu la situation et la direction de l'urètre,* on commence l'ablation de la glande.

Pour cela, on la fait basculer latéralement, de façon à amener le lobe à enlever directement dans le champ opératoire (fig. 37, p. 125).

On amorce alors avec soin la séparation de l'urètre et du tissu prostatique le long de la lèvre muqueuse, et, tirant progressivement le lobe avec les pinces à abaissement, on isole soigneusement le canal, en ayant soin de lui laisser une épaisseur suffisante ; de temps en temps le doigt, introduit dans l'urètre, contrôle le travail des ciseaux (fig. 38, p. 127). Lorsqu'on se porte vers la vessie la séparation est beaucoup plus facile : ce devient un véritable décollement.

Quand cette séparation interne est effectuée, on réintroduit le doigt en dehors du lobe prostatique qu'il contourne, et, revenant d'avant en arrière, il trouve un plan de clivage qui le ramène justement le long du canal qu'on vient de séparer.

Ainsi isolé, le lobe ne tient plus que par quelques tractus, surtout en arrière et en haut où se trouvent les vésicules séminales et les quelques vaisseaux qui se distribuent à la prostate : en sectionnant ces dernières adhérences, il est bon de mettre un fil sur la vésicule séminale et le canal déférent pour se mettre plus sûrement à l'abri de l'orchite. On arrive ainsi à enlever le lobe en un seul morceau, comme on en voit des exemples sur les figures ci-après.

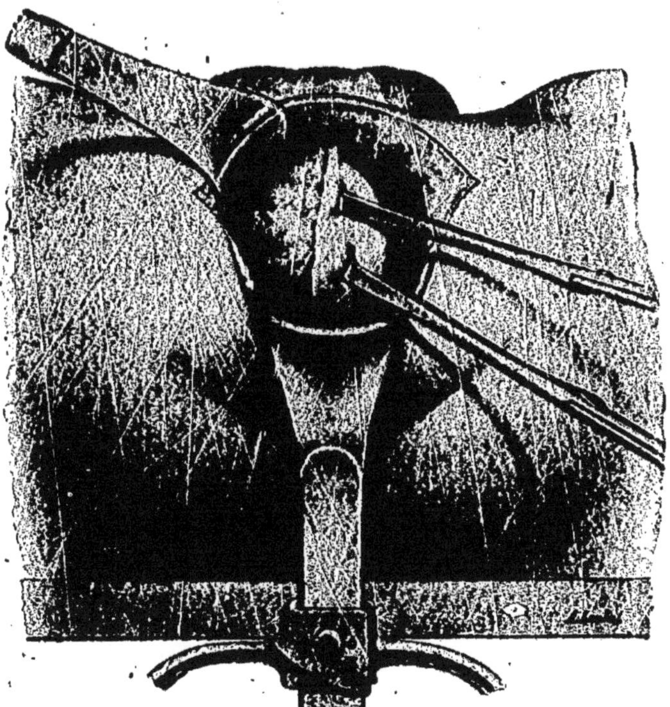

Fig. 37. — Bascule latérale de la prostate.

Héresco a surtout insisté, et avec raison, sur le bénéfice qu'il y a à compléter l'isolement de la face interne en revenant d'avant en arrière.

Mais on peut aussi enlever la prostate par morcellement. Albarran s'est fait le grand apôtre de cette technique, qui est décrite de la manière suivante dans la thèse de Petit (1). Après avoir dit « *qu'il faut morceler la prostate d'une manière progressive et méthodique* », l'auteur aborde le détail de ce morcellement en montrant qu'il se compose de deux temps : « *a) libérer l'urètre prostatique et le col au loin ; b) abaisser la vessie avec le doigt pour parachever l'excision du tissu hypertrophié* » : c'est parce que, en dehors du lobe médian, l'extirpation de la prostate comprend pour lui deux temps :

1° *La portion antérieure péri-urétrale développée sur le côté de l'urètre et aussi par devant l'urètre* ; 2° *une portion postérieure péri-cervicale et sous-vésicale.*

Chacun de ces temps doit être accompli par prises et fragmentations successives.

Cette question du morcellement a été récemment posée à la Société de chirurgie (2) : M. Albarran soutenait la nécessité du morcellement, M. Legueu en combattait le principe.

Je crois que, dans la prostatectomie, il ne faut pas élever le morcellement à la hauteur d'une méthode, mais parfois évidemment il faut le subir ; il faut même en profiter. Je m'explique et pour cela

---

(1) Petit. De la prostatectomie périnéale. *Thèse*, Paris, 1902, p. 264 et suiv.

(2) *Bulletin de la Société de chirurgie*, n° 32, p. 954 et 961.

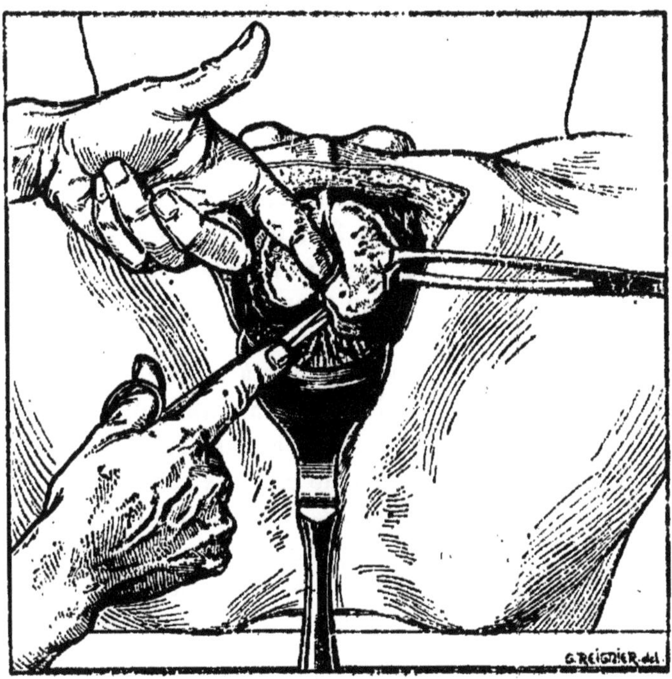

Fig. 38. — Exploration digitale de l'urètre et dissection du lobe gauche.

je vais successivement étudier trois points : *a*) le volume, *b*) la facilité d'isolement, *c*) la consistance de la prostate.

a) Sauf des cas exceptionnels, et encore ! la prostate n'est jamais assez grosse pour nécessiter un morcellement réduisant son volume : l'hémisection l'a déjà divisée, et M. Legueu a pu enlever ainsi une prostate de 225 grammes sans la morceler.

b) Le morcellement donne pour l'ablation une sécurité qui est, je crois, plus apparente que réelle.

En effet, pour isoler la face externe, ce n'est pas la peine de morceler, puisqu'il existe un bon plan de clivage (en revanche dans les cas avec périprostatite scléreuse, où l'on ne peut trouver de plan de clivage, il y a avantage à morceler comme dans une néphrectomie sous-capsulaire). Du côté de l'urètre on peut travailler aussi prudemment et à tout aussi petits coups de ciseaux sans morceler qu'en morcelant, si l'on a soin de se tenir toujours plutôt trop loin que trop près. Je dirai même plus : il me semble qu'on s'égare plus en travaillant dans l'intérieur du tissu prostatique qu'en suivant la périphérie.

c) Mais ce morcellement, que ne commandaient ni le volume de la prostate, ni la sécurité de l'opération, la consistance de la glande peut l'entraîner. Souvent le tissu prostatique est si friable que les pinces déchirent et l'on est ainsi conduit au morcellement.

Il arrive aussi fréquemment que le premier lobe se trouve ainsi fragmenté au début alors que le

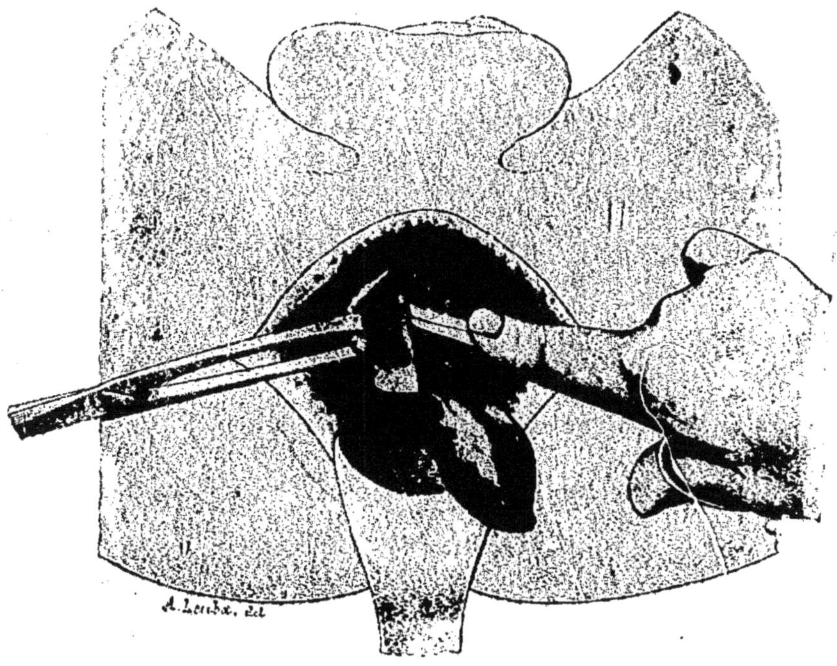

FIG. 39. — On amorce aux ciseaux la séparation du lobe droit et de la paroi urétrale, au niveau de la région adhérente. Le lobe gauche a déjà été disséqué sur le doigt.

second peut être enlevé en une seule pièce. Enfin, quand le lobe se déchiquette un peu sans se déchirer tout à fait, et que les pinces ne le mobilisent plus convenablement, il ne faut pas reculer devant le morcellement comme moyen de « se faire de la place », excellent précepte de chirurgie générale. Mais c'est là du « *gros morcellement* », en trois ou quatre fragments, bien différent du morcellement à l'infini auquel conduit l'arrachement progressif du tissu prostatique. Les figures de pièces opératoires annexées à la fin du volume permettent de faire la comparaison.

Aussi, pour résumer cette discussion trop longue en apparence, mais en réalité capitale au point de vue opératoire, nous dirons que le morcellement, quand il s'impose, n'a pas d'inconvénient, mais qu'il est inutile de chercher à le faire de parti pris. Ce qu'il faut par-dessus toute chose *c'est ménager les parois latérales de l'urètre* : c'est facile puisque le canal est ouvert et qu'on peut tout le temps, par l'œil, le doigt, ou la sonde, contrôler sa situation. C'est là le point capital, car le malade paye tôt ou tard toutes les déchirures faites à son urètre, tôt par les ennuis postopératoires, tard par les déviations du canal. En revanche, quand, après l'ablation des lobes, il reste une brèche urétrale bien régulière, avec une muqueuse intacte, les suites sont simples, l'avenir excellent.

C'est alors qu'on enlève, en un temps spécial, les tumeurs pédiculées ou très saillantes qui compliquent l'hypertrophie : pour cela, le doigt explorateur va les accrocher dans la cavité vésicale et

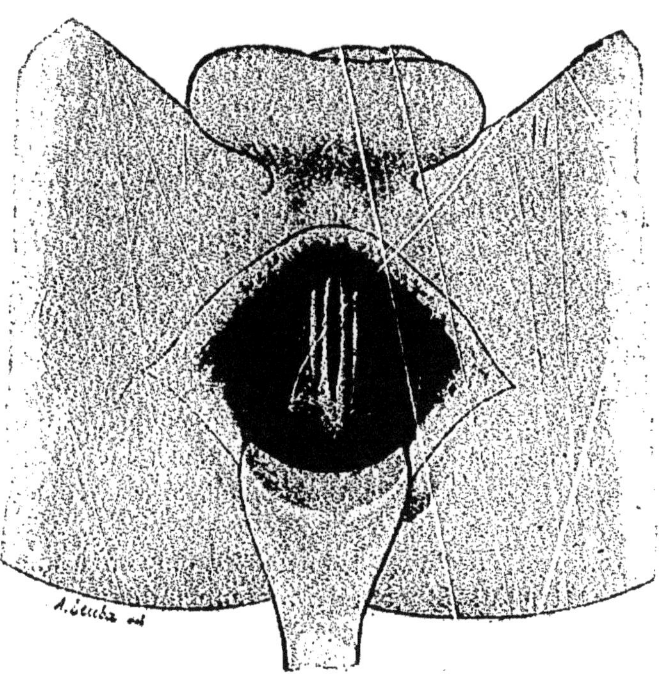

Fig. 40. — Aspect de la brèche urétrale d'après l'ablation de la prostate.

les fait saillir par la plaie urétrale ; on en pratique alors l'ablation aussi aisément que par une cystostomie suspubienne. La plus grosse tumeur que j'aie vue ainsi enlever l'a été par M. Tuffier ; elle est représentée à la fin du volume et c'est d'après elle qu'a été exécuté le dessin ci-contre (fig. 41, p. 133). Voilà qui plaiderait en faveur de l'ouverture urétrale si elle se discutait encore.

Si, au contraire, il existe des masses faisant bourrelet sous la muqueuse, mais insuffisamment pédiculées, au lieu de les faire basculer par la plaie urétrale il faut venir, à petits coups de ciseaux, les fragmenter par leur face externe en respectant la muqueuse : il est nécessaire que le doigt, au niveau du col, sente une surface régulière, une lèvre postérieure absolument souple, et que l'abaissement du col fasse disparaître le bas-fond.

Lorsque l'ablation est ainsi complète (fig. 40, p. 131) et que la vérification est terminée, vérification qui comprend l'exploration vésicale et l'ablation des calculs quand il y en a, on passe à la réfection de l'urètre.

Auparavant, il est bon de mettre en usage une pratique que M. Albarran a recommandée le premier et qui est excellente : c'est la résection de la portion exubérante de l'urètre. Il est prodigieux de voir jusqu'à quel point s'est agrandi l'urètre prostatique : Lorsque les lobes sont enlevés, il forme une véritable besace. M. Hartmann (1), ayant

---

(1) H. Hartmann. *Bulletin de la Société de chirurgie*, n° 29, p. 898.

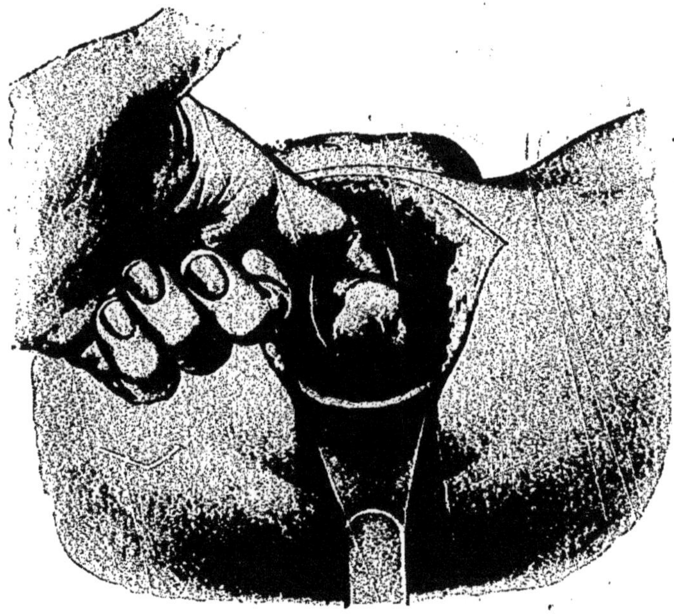

Fig. 41. — L'index de la main gauche a été accrocher et ramène une tumeur pédiculée qui saillait dans l'urètre prostatique.

eu l'occasion de pratiquer l'autopsie d'un prostatique opéré et guéri en a montré un bel exemple.

On fait la résection de façon à laisser largement de l'étoffe pour envelopper la sonde.

6e temps. Suture et cysto-drainage périnéal. — On place alors une sonde en gomme n° 24, pénétrant dans la vessie et ressortant au périnée, et, si les dimensions de l'urètre prostatique le permettent — ce qui se rencontre habituellement — une béquille de petit calibre par la verge ; mais c'est une béquille du modèle que j'ai décrit plus haut, c'est-à-dire pouvant se changer sur conducteur. On referme alors la bouche urétrale en commençant par son extrémité vésicale : pour cela, au moyen d'une aiguille de Reverdin à pédale (fig. 42, p. 135), on passe cinq ou six points séparés au catgut, et, si l'on peut, on enfouit cette première suture ; il ne reste que juste la place du drain périnéal, la seule pièce par conséquent qui manque au plancher de l'urètre.

Évidemment une sonde à demeure bien placée assurerait après l'opération un drainage suffisant de la vessie ; malheureusement cette sonde peut tomber et, pour la remettre, le cathétérisme présente quelquefois de grandes difficultés : s'il ne peut être pratiqué, le malade est condamné à l'infiltration périnéale. L'installation du cysto-drainage périnéal pendant quelques jours remédie à cet inconvénient en tunnellisant les tissus du périnée ; si le drain tombe, il est toujours facile à remettre.

Cette pratique n'entraîne jamais de fistule, la

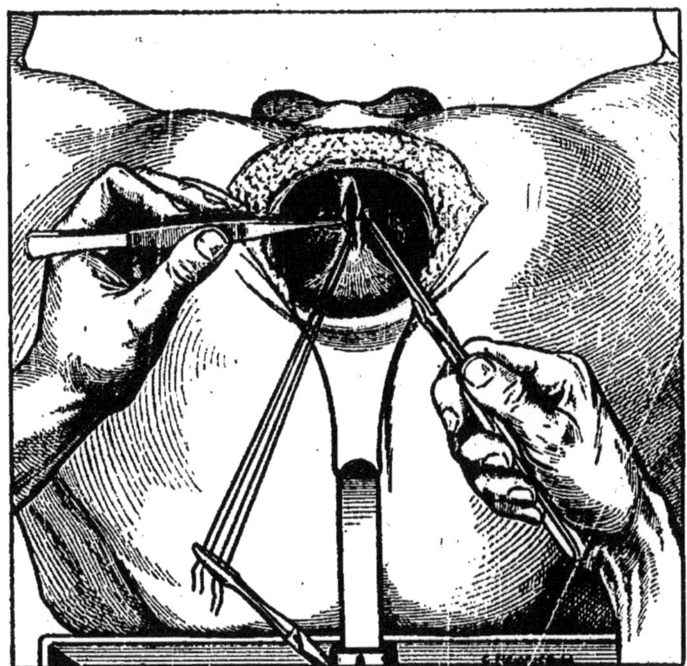

FIG. 42. — Suture de l'urètre prostatique. Les premiers fils sont noués. Passage du dernier fil; on laisse une ouverture suffisante pour le drainage cysto-périnéal.

dérivation d'urine s'oblitérant d'elle-même quand le canal est libre ; car, chose curieuse et intéressante, même lorsqu'il reste une large brèche périnéale, pendant la miction, le malade urine plus par la verge que par la plaie, l'urine reprenant d'elle-même son cours naturel. Néanmoins, cette fistulisation temporaire prolonge légèrement les suites opératoires et entraîne l'inoculation secondaire de la plaie périnéale. Aussi, bien qu'à l'heure actuelle ce soit la manœuvre la plus prudente, il est permis de penser qu'à mesure que la prostatectomie se pratiquera davantage, le nombre des cas où l'on pourra sans témérité essayer la suture totale ira en augmentant. Certains opérateurs l'ont déjà pratiquée, mais elle exige pour être tentée trois conditions : *a*) un minimum d'infection vésicale ; *b*) la conservation parfaite des parois latérales de l'urètre dans leur intégrité, et la conservation exacte de la paroi antérieure dans sa situation par le septum périnéal ; *c*) l'emploi d'un dispositif permettant de changer facilement la sonde sans léser la paroi postérieure.

La suture urétrale terminée, on fixe le drain au périnée. On place trois mèches dans la cavité opératoire.

On retire ensuite la valve postérieure ; le lambeau recto-cutané en remontant vient cacher la vessie et l'urètre. Quelques points profonds adossent les releveurs et les tissus environnants et rétrécissent ainsi l'excavation. On place à chaque extrémité de l'incision deux points qui intéressent les tissus sous-jacents, et on laisse ouvert sur la ligne médiane. En faisant le pansement, pour obtenir une bonne compression, il faut se souvenir que c'est entre l'anus et le coccyx qu'il faut appuyer et non au niveau du périnée, puisque c'est le rectum qui doit s'adosser à la vessie et à l'urètre pour combler la cavité.

Le coussin de ouate ainsi placé est maintenu par un bandage en T à sous-cuisses très larges; les bourses sont rabattues sur le ventre; la sonde urétrale est fermée; elle ne doit servir que pour les lavages, le drain périnéal recueillant l'urine. Le malade est reporté dans son lit.

Tel est l'exposé complet du procédé de prostatectomie périnéale par hémisection, simple perfectionnement du procédé primitif que nous avons décrit Gosset et moi en 1900. Il est intéressant d'en rapprocher le procédé de Goodfellow dont je parlais dans ma préface, procédé qui date de 12 ans (1891), alors que jusqu'à maintenant nous l'ignorions en France, et de voir l'opinion des Américains à propos de cette question. Voici la traduction littérale d'une communication qu'a faite à ce sujet le Dr Bazet à l'Académie de médecine de Californie :

« La communication du Dr Goodfellow vous a mis au courant du pas le plus important fait aujourd'hui pour la cure de l'hypertrophie prostatique. C'est une méthode vraiment chirurgicale. Elle s'adresse à l'obstacle par le périnée, et ne se contente pas de sectionner mais enlève les parties hypertrophiées ou susceptibles de s'hypertrophier. La vessie est ainsi drainée non par un orifice mais par un canal évacuant l'urine au point déclive et mettant ainsi tout l'appareil urinaire au repos.

Pendant ce repos, l'infection disparaît et la vessie est mise en état de retrouver son fonctionnement normal.

Cette méthode consiste à venir, grâce à une flexion excessive, ouvrir l'urètre membraneux par une incision périnéale verticale puis à pratiquer l'hémisection de la partie postérieure de l'urètre prostatique et de la prostate de son sommet au col de la vessie, et à enlever les lobes l'un après l'autre avec les doigts.

Si vous consultez les comptes rendus, vous voyez que la littérature chirurgicale s'est récemment beaucoup accrue à ce sujet et que le seul opérateur qui ait adopté la méthode périnéale est Proust, qui l'a établie sur des bases scientifiques. Je suis absolument convaincu que Proust ne connaissait pas l'opération de Goodfellow quand il a écrit sa thèse « Prostatectomie totale » en 1900, sa communication sur la prostatectomie périnéale en collaboration avec Gosset (en 1900), son article « La Prostatectomie et la position périnéale inversée » (30 octobre 1900) et enfin sa communication à la cinquième réunion de l'Association française d'Urologie, Paris, 1901 « Technique de la Prostatectomie périnéale ».

La Technique de l'opération de Proust n'est pas la même ; le principe adopté est le même. Il se sert d'une table, modification de celle de Jayle, pour obtenir une flexion excessive ; avec cette table il peut s'épargner deux aides ; il choisit l'incision périnéale transversale pour traverser l'espace prérectal ; il expose largement les parties au moyen de deux rétracteurs spéciaux; il saisit la prostate au moyen d'un instrument inventé par lui. Il libère les lobes prostatiques sur leurs faces externes, les sépare sur leurs faces postérieures en ouvrant l'urètre, et enlève ainsi aux ciseaux, en s'aidant de la traction par les pinces, une hémisection après l'autre.

Ceci est la même opération : la seule différence est que Goodfellow opère avec succès dans l'obscurité; Proust dissèque et amène devant les yeux tout le champ opératoire, depuis l'urètre membraneux jusqu'au triangle déférentiel. Les résultats sont les mêmes.

Qui doit être considéré comme l'auteur de cette méthode? Goodfellow a opéré par cette méthode depuis 1891; il a présenté son opération en 1896 à la Société médicale californienne. Proust a communiqué son premier rapport en 1900, son dernier en 1901. Je crois qu'il n'est que justice de proclamer ici que la priorité de la méthode devrait être donnée à notre collègue, le Dr G. Goodfellow (1).

Soins post-opératoires.

La première chose de toutes, c'est de préparer le lit du malade de manière que l'écoulement des urines soit bien assuré. Pour cela, il faut d'abord, si le sommier n'est pas très dur, glisser

(1) *Occidental Medical Times*. San Francisco. Juin 1902, p. 251.

une planche sous le matelas. Sinon le poids du corps arrive à placer le siège sur un plan plus déclive que le pavillon de la sonde périnéale, la seule qui recueille l'urine au début ; l'urine, qui a déjà du mal à sortir, retombe goutte à goutte le long des parois de cette sonde dès qu'elle est émise, et elle vient souiller à la fois le pansement et la plaie périnéale.

Pour que cette sonde soit tout à fait bien placée, et qu'elle présente une obliquité favorisant le cours de l'urine, il est bon de placer un coussin sous le siège pour le relever ou, mieux encore, suivant l'excellente pratique que recommande Escat, à propos de l'emploi de son urinal, d'échancrer le matelas pour le recevoir. On peut aussi, par un long tube, relier la sonde périnéale à un bocal situé hors du lit, mais c'est une installation qui demande plus de surveillance.

Ce sont là de petits détails qui ont une grosse importance. Quand on arrive à éviter ainsi le contact de la plaie et de l'urine, les suites revêtent un caractère de simplicité surprenant.

De même pour éviter le contact des matières fécales, on laisse le malade constipé huit jours, et on lui donne pendant ce temps une alimentation légère. Les deux premiers jours on lui a fait 1 000 grammes de sérum.

Pendant la première semaine on pratique deux fois par jour des lavages de vessie à l'eau stérilisée ou faiblement nitratée, mais sans pression et par petites quantités à la fois, de manière à éviter que le liquide ne reflue le long des parois du tube périnéal. On s'assure ainsi de son bon fonctionnement.

S'il fonctionne mal, c'est qu'il s'est déplacé, ou qu'il s'est incrusté. Dans ces cas, il est toujours facile de le changer ; le trajet périnéo-vésical est presque en ligne droite, et les tissus se tunnellisent très rapidement, créant un chemin régulier pour l'introduction. Pour effectuer cette petite manœuvre, du reste en toute sécurité, il est bon de glisser le coussin habituel sous les fesses du malade, et de lui élever un peu les cuisses.

Le premier tamponnement est retiré au bout de quarante-huit heures et le pansement est alors fait tous les jours.

Le huitième jour, on retire le drain périnéal et on place la sonde urétrale s'il n'a pas été laissé une sonde à demeure depuis l'opération. Il est habituellement nécessaire de la passer sur mandrin, suivant les préceptes formulés par le Pr Guyon. On sait, en effet, que notre maître, reprenant mais perfectionnant la pratique de Voillemier, a fait construire deux modèles de mandrins à ajutage mobile : un mandrin courbe et un mandrin coudé. L'ajutage permet à la sonde de faire *exactement corps avec le mandrin,* mais cette « union intime de la sonde et du mandrin n'empêche d'ailleurs pas de le retirer en arrière au moment de pénétrer dans la vessie, selon le procédé que l'on attribue, comme on sait, à Hey (de Leeds) ».

« *Le retrait partiel du mandrin* aboutit à deux résultats : il augmente le rayon de courbure, ou l'angle de coudure de la sonde et la pousse quelque peu en avant(1). » Il vaut mieux, pour « déterminer l'entrée de la sonde dans la vessie, avoir recours à cette manœuvre que de continuer à suivre les règles de la manœuvre habituelle du cathétérisme. Grâce à la modification apportée à la forme de l'instrument et à sa propulsion, le col est franchi avec la plus grande facilité. Dans ces conditions, la sonde arrive, en effet, à l'orifice vésical en suivant la paroi supérieure. On sait que c'est le chemin le plus court, et le plus sûr ». *C'est le seul conservé* après la prostatectomie. Lorsqu'on emploie un mandrin courbe, il faut en prendre un de la courbure des Béniqués. Il ne faut l'enfoncer que juste au delà du premier œil de la sonde, sans qu'il arrive jusqu'au talon, surtout avec les sondes spéciales dont j'ai donné la description plus haut (v. page 102). Du reste, « cela a l'avantage de ne pas supprimer la coudure de la sonde-béquille qui est l'instrument de choix dans tout cathétérisme prostatique un peu difficile ».

M. Guyon a également proposé « de faire la manœuvre du retrait partiel avec un mandrin coudé ». C'est là une pratique dont on connaît l'utilité dans les cas de cathétérismes difficiles, et qui rend de grands services après la prostatectomie. On arrive en effet « à bicouder extemporanément une sonde-béquille au moyen du mandrin » et le glissement du mandrin modifie cette bicoudure au gré du chirurgien. On peut alors

(1) J.-C. Félix Guyon. Leçons cliniques, 3e édit., t. III, p. 312 et suiv.

combiner son action de telle sorte « *que la sonde s'avance en même temps que son extrémité s'élève* », en l'appliquant ainsi contre la paroi supérieure.

Après la prostatectomie, il faut, comme M. Guyon le recommande dans les cas de fausses routes, « commencer à agir sur le mandrin au sortir de la portion membraneuse », à la fin du troisième temps. Il faut même souvent le commencer plus tôt encore, dès le début du troisième temps. La prostatectomie crée, en effet, des conditions particulières : c'est au niveau du bec de la prostate, ou à peu près, qu'est la perte de substance, *la fausse route chirurgicale*, où peut s'engager la sonde, tandis que ce n'est habituellement qu'en pleine traversée prostatique qu'on bute contre la paroi postérieure dans l'hypertrophie. Il n'y a donc que des avantages à commencer la manœuvre du mandrin dès *que le cul-de-sac du bulbe est franchi*. Après s'être assuré qu'on est bien en regard de la portion membraneuse, que l'instrument s'est placé de lui-même sur la ligne médiane, et qu'il demande à s'engager dans cette portion membraneuse, on fait la manœuvre du mandrin de la manière suivante : « La sonde est à ce moment bien fixement maintenue sur la ligne médiane. La main gauche a saisi son extrémité et la plaque du mandrin est maintenue de la main droite. Vos deux mains doivent agir avec un accord absolu. Tandis que la main droite tire doucement sur le mandrin, la main gauche imprime à la sonde un mouvement de propulsion très modéré. Cette première partie de la manœuvre, doucement conduite, vous permet de tâter le terrain. Vous sentez de suite que l'instrument est libre, qu'il demande à avancer ; vous tirez alors sur le mandrin avec plus de rapidité et de force, tandis que vous achevez, de la main gauche, de pousser la sonde dans la vessie(1). »

Lorsque la sonde s'engage dans le périnée, on n'a plus ce sentiment de glissement et de liberté. Mais il est des cas où malgré tout ce fait se produit. Il faut alors, pour replacer la sonde dans le bon chemin, mettre le doigt ou un instrument quelconque dans la plaie périnéale par laquelle la vessie est facilement accessible.

Habituellement ces difficultés ne se rencontrent que lorsque les parois de l'urètre n'ont pas été bien ménagées au cours de l'opération.

Quand la sonde est bien placée — et la mise au point en est quelquefois délicate — il faut la fixer solidement. On emploiera la fixation classique de Necker, en ajoutant au besoin un ou deux circulaires de diachylum autour de la verge.

Si l'on a pris soin d'employer comme sonde-béquille une des sondes modifiées dont j'ai donné la description plus haut (v. page 102), il suffit, quand on veut la changer, de glisser un conducteur dans son intérieur ; on la retire alors et, sur ce guide, la nouvelle sonde est passée avec la plus grande facilité.

Il y a avantage, en la renouvelant fréquemment, à laisser la sonde à demeure assez longtemps,

---

(1) J.-C. Félix Guyon. *Loco citato.*

jusqu'à ce que la plaie urétrale soit complètement fermée, c'est-à-dire en moyenne trois semaines, quelquefois, mais rarement, beaucoup plus, jusqu'à cinq semaines. Il est mauvais, en principe, de retirer la sonde lorsqu'il s'écoule encore de l'urine par le périnée, quoique, comme nous l'avons vu plus haut, lorsque le canal est libre, l'urine cherche à repasser d'elle-même par les voies naturelles. Dans ces cas, il faut passer régulièrement des béniqués pour calibrer le canal.

On peut compter en moyenne de trois à cinq semaines pour la restauration urétrale et de cinq à sept semaines pour la guérison totale. Bien que ces chiffres extrêmes correspondent aux cas difficiles, il est permis de penser que les perfectionnements apportés par chacun permettront de les réduire considérablement.

REPRODUCTION

GRANDEUR NATURE

DE PROSTATES HYPERTROPHIÉES

PROVENANT DE

PROSTATECTOMIES SUIVIES DE GUÉRISON

(MÉTHODE D'ALEXANDER ET MÉTHODE PÉRINÉALE PAR HÉMISECTION)

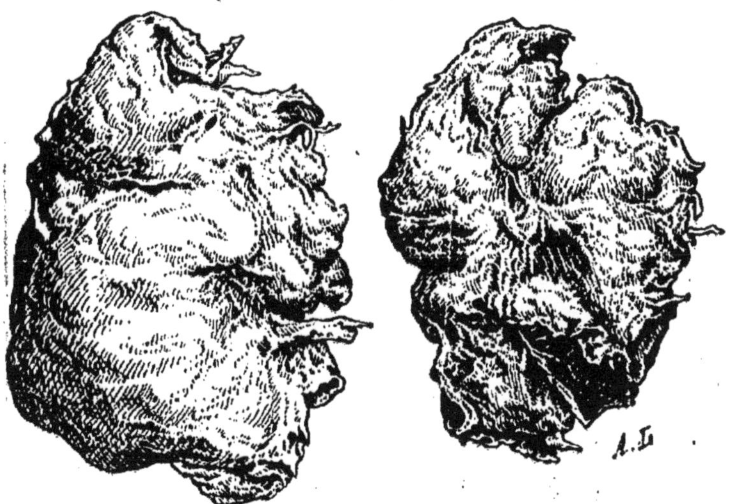

I. Hypertrophie latérale et médiane (Alexander).

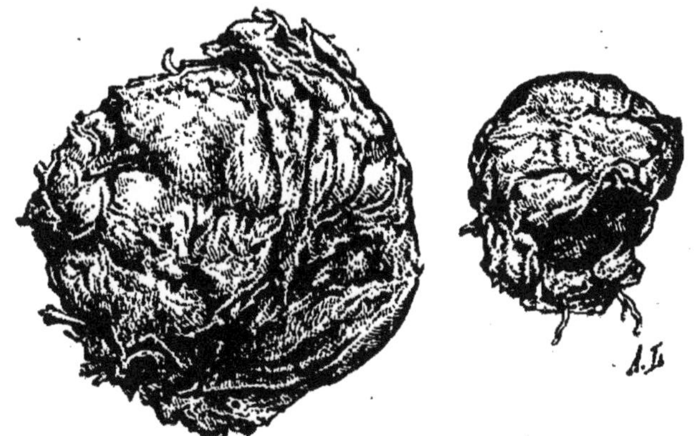

II. Hypertrophie latérale et médiane (Alexander).

C. NAUD, ÉDITEUR.

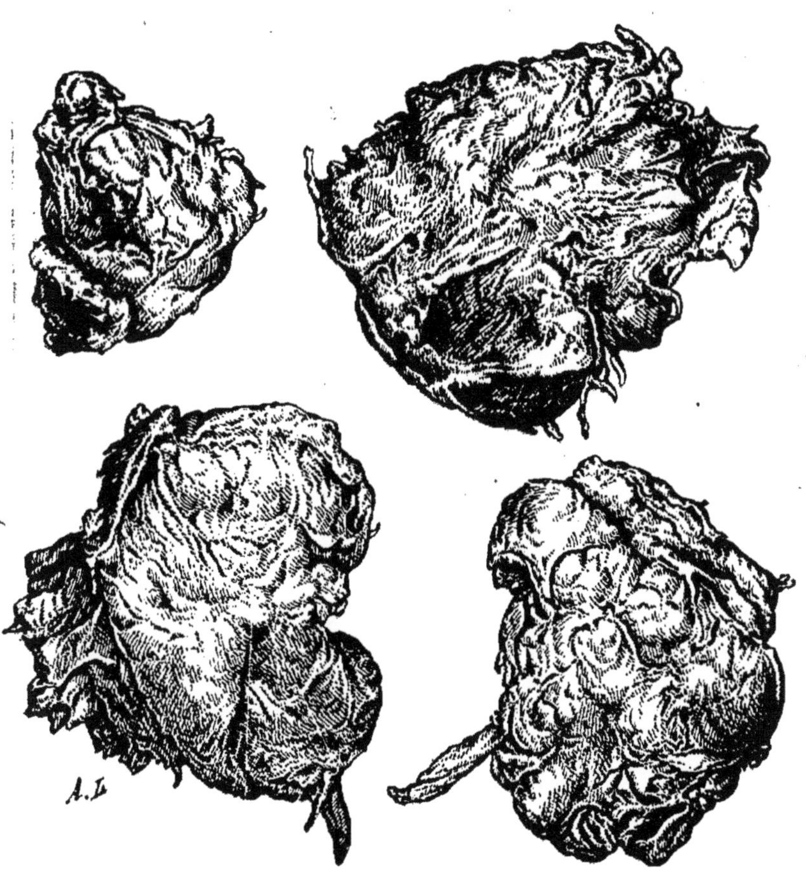

III. Les deux lobes latéraux et hypertrophie médiane, avec saillie intra-vésicale (Alexander).

C. Naud, éditeur.

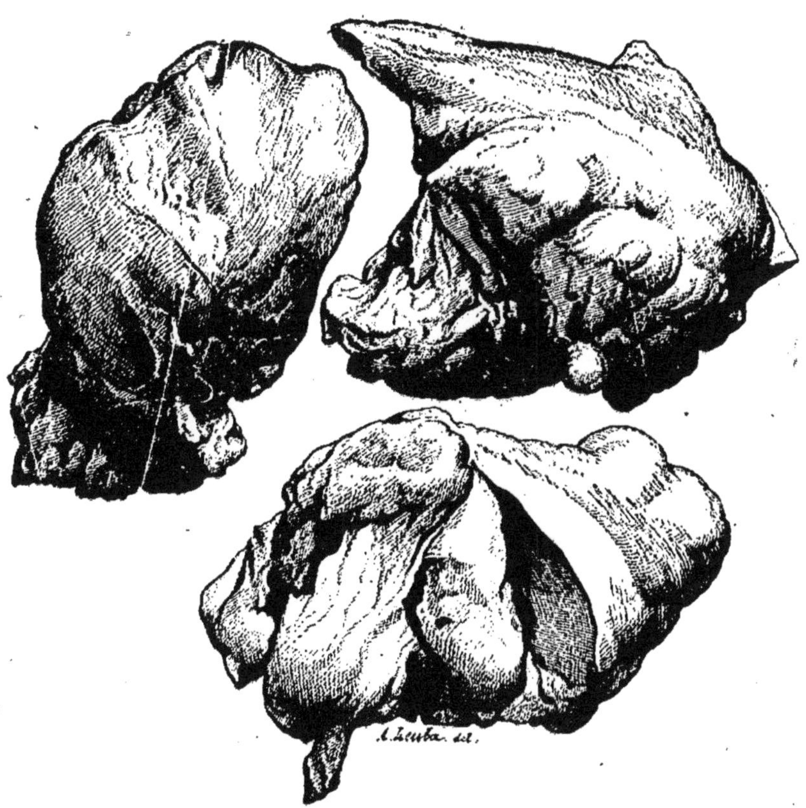

Pièce d'hypertrophie de la prostate enlevée par prostatectomie périnéale, présentée par MM. J. Albarran et R. Proust à la Société anatomique le 10 mai 1901. Lobe droit entier, lobe gauche en deux morceaux (1) (Première prostatectomie périnéale par hémisection). Poids, 84 grammes.

(1) Voir plus loin l'observation reproduite in extenso d'après la Thèse de Petit, Prostatectomie périnéale, p. 126 et suiv., obs. XIX.

C. Naud, Éditeur.

Pièce d'hypertrophie de la prostate enlevée par prostatectomie périnéale, présentée par MM. A. Guinard et R. Proust à la Société anatomique le 28 février 1902. Le lobe gauche est en trois fragments, le droit en deux). Poids, 55 grammes.

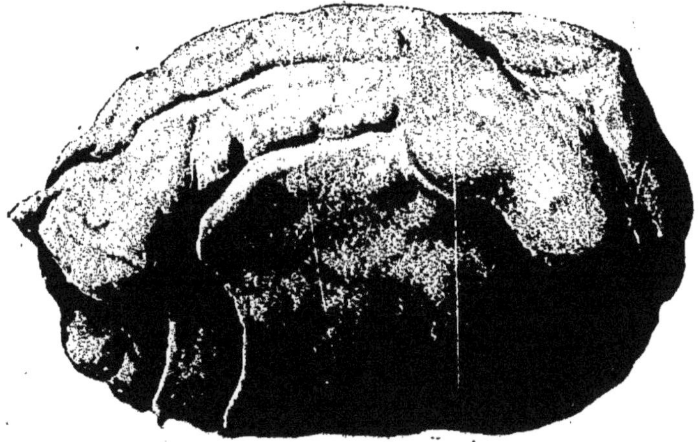

Un seul lobe (lobe droit) d'une très grosse prostate opérée par M. Legueu. Prostatectomie périnéale (Pièce représentée dans les *Annales des maladies des organes génito-urinaires*, n° 8, août 1902). Poids, 125 grammes.

C. NAUD, ÉDITEUR.

C. Naud, éditeur.

Les trois fragments résultants d'une prostatectomie périnéale (Poids total 215 grammes) présentés par M. H. Reynès à l'Association Française d'urologie le 24 octobre 1902.

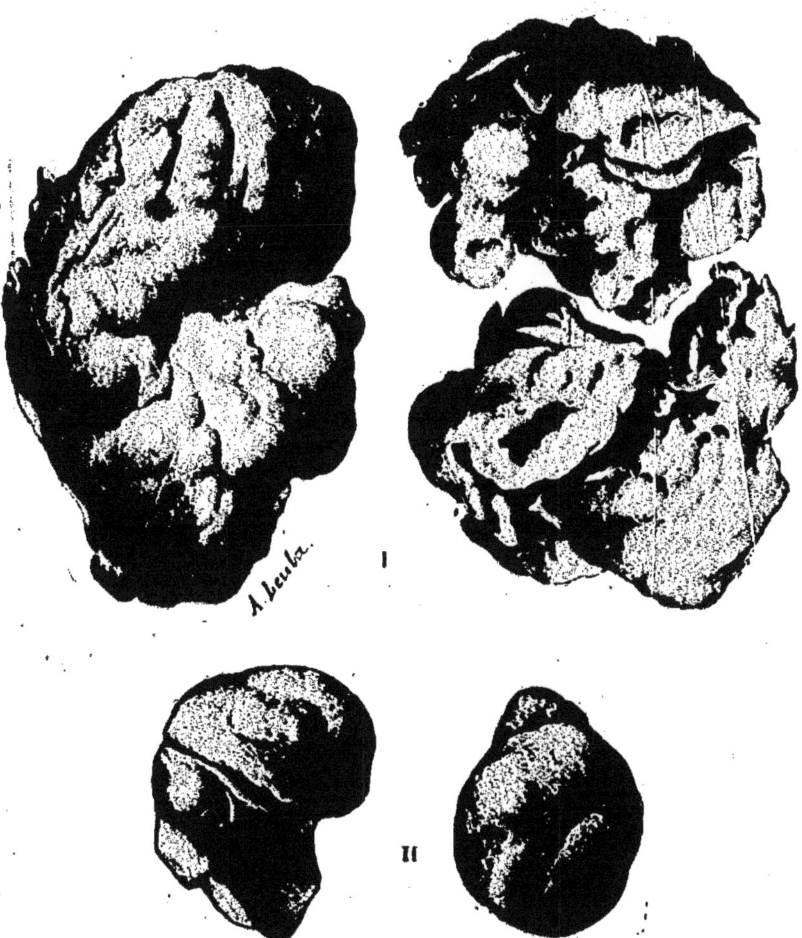

Hypertrophie de la prostate opérée par M. Tuffier. Méthode périnéale.
I. Lobes latéraux.
II. Tumeur pédiculée intra-urétrale ulcérée à sa base, représentée de face et de profil.

C. NAUD, ÉDITEUR.

APPENDICE

OBSERVATIONS SE RAPPORTANT AUX PIÈCES REPRODUITES CI-DESSUS

PLANCHE I

1re Observation d'Alexander

(extraite de la Thèse de Proust, page 90, observation XI.)

J. P..., âgée de 66 ans. Symptômes prostatiques datant de douze ans, quand il commença à avoir des fréquences. Il avait usé du cathéter toutes les quatre heures dans les six dernières années et avait lavé sa vessie une fois par jour avec différentes solutions aseptiques. Six mois avant il avait eu une rétention complète et depuis lors il avait souffert d'une grave cystite. Les intervalles des cathétérismes étaient devenus plus courts dans les deux derniers mois. Il était obligé maintenant de passer son cathéter toutes les deux heures nuit et jour. La vessie avait une petite force expulsive. Il avait 8 onces de résidu urinaire. L'examen rectal montra une hypertrophie égale très molle des deux lobes latéraux.

Urine. Poids spécifique 1021; alcaline, ammoniacale; épaisse, dépôt purulent, traces d'albumine, pas de sucre, pas de moules. Comme l'état du malade devenait beaucoup plus mauvais, une opération fut proposée et acceptée.

***Opération,* en octobre 1895. — Deux grosses masses latérales furent enlevées sans grande difficulté. La vessie était un peu épaissie. Les drains furent enlevés respectivement le 6e et le 10e jour. Le malade guérit sans incident; toute son urine passait le 30e jour.**

PLANCHE I

2e Observation d'Alexander

(Extraite de la Thèse de Proust, page 91, observation XII.)

T. O. C..., âgé de 60 ans, né en Irlande; aucune atteinte vénérienne dans ses antécédents. A été atteint, il y a dix ans, de rétention soudaine qui a cédé au cathétérisme. Admis dans un hôpital de cette ville, on lui apprit à se sonder et il continua à le faire pendant plusieurs années.

Toutefois, par suite de circonstance de gêne, il cessa l'usage de la sonde, et continua à uriner très fréquemment; il y a trois mois, il eut une seconde attaque de rétention qui guérit au moyen du cathéter; il fut admis dans mon service à Belle-Vue Hospital, le 11 février 1895, avec une rétention (la 3e) et une distension considérable, accompagnée de miction par regorgement. On le sonda, et on retira 32 onces d'urine.

La vessie présentait un état marqué d'atonie. Le toucher rectal démontra une hypertrophie des lobes moyen et droit de la prostate. Avec la sonde de Mercier, le cathétérisme n'était pas difficile; une sonde molle ne put être introduite.

Il fut cathétérisé quatre fois et la vessie lavée depuis ce jour jusqu'au 17 mars.

Après cette date, le malade pouvant uriner volontairement la valeur d'une demi-once, il restait 10 onces (1). Il fut impossible de lui enseigner l'usage du cathéter et du lavage de la vessie, et comme il n'avait, d'ailleurs, aucune facilité pour pratiquer ce lavage lui-même, en dehors de l'hôpital, une opération fut proposée et acceptée.

---

(1) 300 grammes. L'once vaut 30 grammes.

Opération, 18 mars. — Anesthésie par l'éther. Opération combinée. Procédé d'Alexander. Une large portion du lobe droit, et une plus petite du lobe moyen sont enlevées à travers l'ouverture périnéale, non sans quelque difficulté. Hémorragie négligeable.

25 mars. On enlève le tube supra-pubien.

3 avril. On enlève le tube périnéal, on passe une sonde n° 32. L'ouverture supra-pubienne est à peu près fermée. Aucune issue d'urine.

Le 24. La plaie périnéale est fermée, l'urine passe par l'urètre; il y a deux onces de résidu, dues à l'atonie. Le sujet urine toutes les quatre ou cinq heures et vide sa vessie à peu près complètement.

Il y a environ sept drachmes de résidu (1).

PLANCHE II

3e OBSERVATION D'ALEXANDER

(Extraite de la Thèse de PROUST, page 92, observation XIII.)

James D..., âgé de 62 ans, d'un poids de 235 livres.

Admis le 26 mars 1895. Le patient raconte qu'il ressentit une grande difficulté d'uriner avec fréquentes envies, il y a plusieurs jours, et que depuis douze heures il éprouve une rétention complète. Le cathétérisme fut essayé par le chirurgien (de garde) (?) mais on ne put faire pénétrer l'instrument dans la vessie. Après quelques difficultés je lui succédai, en passant un numéro 6; un cathéter en forme de stylet, ayant reçu une courbure spéciale exagérée, fut

(1) Cela fait environ 20 grammes. Le drachme vaut à peu près 3 grammes.

conduit jusqu'au point d'obstruction présenté par le lobe moyen de la prostate. On retire trente-trois onces d'urine sanglante et ammoniacale.

Le toucher rectal montra qu'il s'agissait d'une énorme tumeur prostatique empiétant sur la cavité intestinale. L'extrémité supérieure était hors de l'atteinte du doigt. On lava la vessie du malade, et on passa une sonde au moyen du procédé décrit plus haut toutes les six heures. L'urine demeura fétide et sanglante.

Le 11 avril, le chirurgien ordinaire ou de garde (?) ne put de nouveau pénétrer dans la vessie, et je lui succédai pour réussir, non sans efforts.

Je décidai d'ouvrir l'urètre à travers le périnée comme opération préliminaire de la prostatectomie, dans le but de drainer la vessie, et de désinfecter sa cavité. Sous l'anesthésie par l'éther, je pratiquai donc une incision périnéale, et tentai de dilater avec mon doigt l'urètre prostatique. Je ne pus pourtant introduire mon doigt dans la vessie, à cause de la longueur de la portion prostatique de l'urètre, et de la grande résistance offerte par la tumeur.

Aussi j'introduisis simplement, à travers le périnée, un tube n° 26 dans la vessie et, ayant lavé la vessie, je le maintins en place au moyen de fils.

Ce drainage fut continué pendant une semaine; la perte de sang cessa, l'urine devint claire, et le malade se trouva mieux. A la fin de la semaine, le tube périnéal fut retiré, et je n'eus pas alors beaucoup de difficulté à introduire à travers l'urètre le cathéter de Mercier.

Sachant pourtant que, vu le volume de la prostate, l'amélioration ne serait que temporaire, je me décidai à l'enlever par le procédé d'Alexander, le 11 avril 1895, en présence des Drs Bang et Van der Poël, et avec l'assistance du Dr George Stewart et du chirurgien de l'hôpital. L'opération, vu la profondeur du périnée, fut très difficile. Je réussis pourtant à enlever entièrement deux lobes latéraux et le lobe médian envahis par d'énormes tumeurs, sans blesser ni la vessie, ni l'urètre.

Les tubes furent enlevés respectivement les dixième et seizième jours.

Les plaies étaient à peu près cicatrisées et furent entièrement guéries, toutes deux à la fin de la cinquième semaine.

Le malade eut d'abord une incontinence à peu près complète, mais actuellement il peut retenir son urine et vide sa vessie complètement.

PLANCHE III

Observation d'Albarran

(Extraite de la Thèse de Petit, page 126, observation XIX.)

Hypertrophie forte de la prostate. Début il y a 5 ans. Rétention complète depuis 8 mois. Prostatectomie périnéale le 25 avril 1901 avec cysto-drainage. Guérison.

D..., âgé de 57 ans, entre à la salle Velpeau le 23 avril 1901, sur les conseils qui lui ont été donnés antérieurement, pour y subir la prostatectomie.

Chez lui, les troubles de la miction datent de 5 ans. Pendant la première année, ils vont en s'accentuant sans gêner le malade. La miction est surtout pénible le matin. Il y a de la fréquence, la nuit, un peu de douleur, mais pas d'accès de rétention. Bientôt, cependant, D... a le sentiment qu'il lui faut aider sa vessie pour la vider, et il prend l'habitude de presser au-dessus du pubis pour expulser, dit-il, les dernières gouttes d'urine. Il en fut ainsi pendant 3 ans.

Il y a 8 mois, attaque de rétention aiguë complète qui nécessite le cathétérisme. Déjà, à ce moment, le malade vint consulter à Necker où on lui fit des lavages de la vessie au nitrate d'argent parce que les urines contenaient du pus. Depuis cette époque, D... ne peut pisser sans se sonder. Il reste donc en état de rétention complète. Il est constipé, souffre des reins de temps à autre, et aussi du périnée et de la verge. Il fait des sondages réguliers de la vessie et prend tous les jours un lavement. L'état général reste bon.

Depuis six semaines, fréquence inusitée des envies d'uriner. Pollakyurie nocturne et diurne, mais le malade n'urine que quelques gouttes et doit se sonder toutes les heures. Efforts de la miction très douloureux. Urines très troubles, purulentes. Il y a un mois, à la suite d'un cathétérisme, commence une hématurie totale qui dure 5 ou 6 jours. Les urines étaient légèrement mais totalement teintées de sang. Depuis le début de la maladie, jamais de fièvre.

Comme antécédents : blennorrhagie étant jeune homme, qui fut longue à disparaître, mais guérit sans complications. Aucune autre maladie, sauf une attaque de rhumatisme articulaire aigu, compliquée d'accidents cardiaques, et, vers l'âge de 40 ans, accès de fièvre palustre compliqués de douleurs lombaires, non irradiées, survenues sans aucun trouble urinaire concomitant.

Examen à l'entrée : urètre antérieur sain, l'explorateur à boule franchit la région prostatique très allongée, où il est cependant un peu serré, et entre dans la vessie. En pénétrant dans la vessie, on sent très nettement le ressaut du lobe médian de la prostate. On sonde le malade, on constate un allongement considérable de la portion prostatique de l'urètre, il est nécessaire d'enfoncer beaucoup la sonde pour donner issue à l'urine.

Vessie indolore, ne se vide que grâce à la sonde, le malade n'urine pas sans la sonde. Capacité de 160 grammes. Urines troubles.

Examen cystoscopique : vessie à colonnes, lobes médian

et latéraux saillants dans la vessie, contractilité vésicale nulle.

Les reins sont indolores. Mais on sent, à la palpation, le pôle inférieur du rein droit. Organes génitaux externes sains. Au toucher rectal, prolapsus rectal hémorroïdaire, prostate très hypertrophiée, dure et bosselée. Hypertrophie égale et uniforme. Vésicules non senties.

L'auscultation du cœur révèle une modification du premier bruit à la pointe. Poumons sains. L'état général est mauvais. Le malade devenu hypocondriaque n'a plus d'appétit et il a maigri depuis ces derniers mois.

Examen histo-bactériologique des urines (M. Motz).

Urines troubles. Réaction acide. Très nombreux leucocytes. Cellules plates. Très nombreux microbes et bactéries.

Examen chimique des urines (M. Debains).

Quantité.	1 800 grammes
Aspect	trouble
Couleur, odeur.	normales
Densité	1 015
Urée	14gr,10 par litre
Chlorures	5 10
Acide phosphorique	1 35 —
Albumine	0 60 —
Glucose, pigments biliaires. .	néant

Opération le 25 avril 1901, par M. Albarran. *Prostatectomie périnéale. — Position de la taille avec coussin sous les fesses.*

Lavage de la vessie au sublimé faible avec sonde métallique à clef qui servira de conducteur et qui est laissée en place. Anus fermé par une série de pinces de Kocher.

Incision bi-ischiatique légèrement concave en arrière passant à 2 centimètres en avant de l'anus. Elle pénètre latéralement et profondément dans le creux ischio-rectal. En avant, elle va vers le bulbe, coupe en travers le raphé pour aller chercher l'urètre membraneux en arrière du bulbe. On voit très bien la pointe de la prostate et l'on sent la sonde dans l'urètre membraneux, le bulbe étant rétracté en avant. Décollement du rectum, en arrière, très haut, facile et découvrant le mieux possible toute la face postérieure de la prostate. Section des bords inférieurs des deux releveurs entre deux pinces de Kocher. Saignement peu gênant.

Incision de la capsule prostatique sur la ligne médiane de la pointe à la base de la prostate. Repérage de la capsule avec des pinces à plusieurs dents. Décollement sous-capsulaire sur les côtés et très loin, entourant presque complètement l'urètre. Il se fait sans saignement.

Hémisection de la prostate et de l'urètre prostatique jusqu'au col de la vessie. Peu de sang. On voit la sonde. Saisie avec des pinces à col de l'utérus, de la moitié latérale droite de la glande, dont le tissu quoique assez ferme se déchire parfois; aussi, de temps en temps, on fait une reprise du tissu avec les pinces. Continuation du décollement de ce côté jusqu'au delà de l'urètre. Tirant en dehors la moitié de la prostate qui descend assez bien, on sculpte aux ciseaux l'urètre en le détachant de la prostate. Cela saigne peu. On arrive, ainsi, à enlever complètement la moitié droite de la prostate.

Même manœuvre à gauche, mais ici la prostate se déchire et on l'enlève en deux morceaux. Le doigt dans la vessie constate qu'il ne reste pas de prostate. Dans la plaie, on voit la sonde; la paroi supérieure de l'urètre conservée; en avant l'urètre incisé en long; en arrière le col vésical un peu déchiqueté qui se laisse facilement amener en bas.

Suture, d'avant en arrière, de la vessie à l'urètre pour avoir une plaie longitudinale franche, un point de chaque côté suffit, puis fermeture en travers de la plaie vésicale et urétrale laissant un orifice pour passer un gros drain. On laisse trop de place à ce drain et, pendant le pansement, le drain quoique fixé à la peau sort de la vessie. On le remplace par une béquille 24 fixée à la peau qui a été introduite dans la vessie sur le doigt. Pas de suture des releveurs. Deux crins, de chaque côté de la plaie ; tamponnement peu serré à la gaze aseptique.

Durée de l'opération : 50 minutes. Aides : MM. Proust, de Sard.

Poids de la prostate enlevée : 84 grammes.

Suites opératoires. — Le 26 avril, pas de température. La sonde périnéale fonctionne bien. Aucune douleur. Lavages de la vessie avec la solution boriquée et solution de nitrate d'argent à 1 p. 1 000.

30 avril. M. Albarran enlève la sonde périnéale et met une sonde dans la vessie par l'urètre. La vessie contient des urines troubles, purulentes. La contractilité vésicale est faible. Lavages de la vessie continués. Température toujours normale.

10 mai. Lavage de la vessie au protargol. Les urines sont redevenues plus claires. On change la sonde à demeure tous les trois jours. La plaie périnéale se ferme peu à peu. Elle a très bon aspect.

3 juin. Dilatation au béniqué n° 55. La sonde à demeure est enlevée. Mais le malade urinant presque exclusivement par la plaie, la sonde à demeure est remise le soir même. La vessie a une capacité de 150 grammes. Le canal est un peu dévié latéralement vers la gauche. Le testicule droit est douloureux. La douleur siège au niveau de la queue de l'épididyme qui est augmentée de volume. Peau du scrotum chaude, non adhérente. Léger épanchement vaginal. Suspensoir ouaté.

7 juin. On enlève la sonde à demeure. Le malade urine autant par la plaie que par le canal. Les jours suivants, l'urine passe peu à peu par le canal avec plus de facilité et en plus grande quantité.

12 juin. Ponction capillaire de l'épanchement vaginal. Liquide clair, jaune citrin.

14 juin. Dilatation sur conducteur de béniqués 46 au 56. Par la plaie, le stylet ne touche plus la sonde métallique que sur un espace très restreint ; amélioration de l'orchi-épididymite droite. A la suite de cette séance de dilatation, frisson le soir et température de 39°,8. On fait un grand lavage simple de l'urètre et un lavage de la vessie avec le nitrate d'argent au 1/1000.

15 juin. Température redevenue normale ; néanmoins, on remet la sonde à demeure.

21 juin. Le malade se plaint de palpitations cardiaques qui disparaissent après la prise de teinture de digitale.

23 juin. On retire la sonde à demeure. L'urine passe par le canal et un peu par la plaie.

29 juin. Le malade est sondé sur mandrin. On constate qu'il vide complètement sa vessie. Quelques gouttes d'urine passent par le périnée.

4 juillet. Cathétérisme sans le mandrin avec la sonde n° 17 (béquille). L'urine recueillie est claire, tout au moins plus claire que l'urine rendue spontanément. Résidu d'une trentaine de grammes. Capacité vésicale de 250 grammes, c'est-à-dire qu'il faut injecter 250 grammes d'eau dans la vessie pour provoquer le besoin pressant d'uriner. Contractilité vésicale bonne. Par le toucher rectal, on ne constate plus « l'ombre de prostate ».

5 juillet. La sonde-béquille n° 18 entre toute seule, à condition de tirer fortement sur la verge en la rapprochant de la paroi abdominale. On recueille ainsi 15 grammes environ de résidu très limpide. La plaie périnéale n'est pas complètement cicatrisée.

Le malade quitte le service le 6 juillet.

12 juillet. Depuis qu'il a quitté l'hôpital, D... continue à s'améliorer, l'appétit augmente, les forces reviennent.

État de la miction : de 6 heures du matin à midi, il urine

toutes les 2 heures. De midi à minuit, il urine toutes les heures, les mictions sont très impérieuses. Petite sensation de chaleur dans la verge, au moment d'uriner. L'envie d'uriner persiste quelques instants à la fin de la miction. La nuit, le malade dort tranquille, pendant 5 ou 6 heures, sans être réveillé par le moindre besoin ; mais, dès qu'il se réveille, il doit uriner sans pouvoir attendre. Il remplit alors son urinal aux trois quarts. Dans le quart d'heure qui suit cette première miction, D... reprend en moyenne l'urinal 2 ou 3 fois. Puis il fait sa toilette, vaque à ses occupations, n'urinant plus dans la journée, qu'avec la fréquence déjà signalée tout à l'heure. Les urines sont encore un peu troubles.

Chez lui, D... s'alimente et boit comme tout le monde sans que sa miction en soit troublée le moins du monde. Il accuse un état d'esprit totalement modifié. D'hypocondriaque qu'il était avant son opération il est redevenu gai, plein de confiance et de courage et il compte reprendre prochainement avec ardeur ses occupations habituelles d'ailleurs très laborieuses. La marche ne le fatigue nullement, et ne modifie point la fréquence de ses mictions; Cependant il se plaint de temps à autre de douleurs dans les reins.

Depuis l'opération, D... n'accuse ni érections, ni éjaculations. Les réactions érotiques, d'ailleurs rares, se traduisent par une très légère sensation de chaleur au niveau de la verge.

Examen de l'urètre : on fait tout d'abord pisser le malade. Urines presque claires. Une sonde-béquille n° 17 entre assez facilement. Elle retire quelques gouttes seulement d'urines claires. Donc le malade vide parfaitement sa vessie, et l'on peut dire que le léger trouble des urines est dû au balayage du foyer opératoire par le premier jet, et que l'urine vésicale est absolument propre.

Le besoin d'uriner commence avec l'injection de

150 grammes d'eau, il devient vite très impérieux. Au palper, on sent à peine la pointe du rein droit. Il n'est pas douloureux. La plaie périnéale non entièrement cicatrisée laisse passer quelques gouttes d'urine qui tachent la chemise.

20 juillet. Le malade vient à l'hôpital.

État de la miction : les mictions sont peut-être un peu moins fréquentes depuis quelques jours. Pendant le jour, urine toutes les 2 heures du lever jusqu'à midi. L'après-midi, il urine toutes les 2 heures et demie. La nuit, il dort tranquille sans uriner. Les mictions sont toujours très impérieuses, quelquefois même, si elles ne sont pas satisfaites immédiatement, l'urine sort involontairement par la verge. Habituellement, le jet est facile, fort, projeté loin. Les courses en voiture espacent les mictions : sitôt descendu, il doit uriner sans attendre. Les urines sont toujours troubles.

D... va facilement à la selle avec des facilités inconnues de lui depuis plusieurs années. Très bon appétit. Il a augmenté de 6 kilogrammes. On franchit facilement avec une sonde-béquille n° 17, mais il faut incliner fortement la verge sur le ventre. Résidu insignifiant, quelques gouttes d'urines d'ailleurs claires. Le besoin d'uriner naît avec 140 grammes injectés dans la vessie Il devient pressant à 180 grammes. D... rejette sans efforts, par la sonde, le liquide injecté, on doit appuyer sur la région sus-pubienne pour chasser les dernières gouttes.

Les reins ne sont pas sentis. Plaie périnéale non complètement fermée, donne passage à quelques gouttes d'urine principalement la nuit.

Le 30 août (nouvelles par lettre datée de Berlin). Plaie périnéale non fermée. Envies d'uriner moins fréquentes, mais toujours très impérieuses. D... ne peut retenir ses urines, dès que le besoin se fait sentir. A chaque miction, il sort quelques gouttes d'urine par le périnée; mictions non douloureuses. État général parfait, mais D... ne peut rester debout plus de trois quarts d'heure sans éprouver de la lassitude et des douleurs dans les reins.

3 octobre : (nouvelles par lettre datée de Berlin). Plaie périnéale non encore fermée, envies d'uriner moins fréquentes et surtout moins impérieuses. Il commence à pouvoir se retenir d'uriner. Urine sans douleur. Il dort bien mais doit se lever deux ou trois fois chaque nuit. Va très bien à la selle. « En somme, écrit-il, je me porte très bien, je travaille avec plus d'ardeur que jamais, il me semble que je recommence à vivre. » Rien de modifié quant aux réactions génitales qui restent totalement absentes.

Janvier 1902. D... écrit qu'il urine environ toutes les heures, le jour, 3 ou 4 fois la nuit. Il n'a plus les besoins impérieux allant jusqu'à l'incontinence. Il urine sans effort, sans douleur, le jet est large, et va à 1 mètre. Ne s'est jamais sondé depuis qu'il est opéré. Les urines sont jaune clair et renferment un dépôt blanchâtre (?). Il coule encore une goutte ou deux d'urine, à chaque miction, par la plaie périnéale non complètement fermée. Il n'a pas souffert des testicules depuis son départ de l'hôpital. Il va très facilement à la selle. Ne souffre plus de son prolapsus hémorroïdaire. Aucune érection, aucune pollution nocturne. Se porte « on ne peut mieux ». Plus d'insomnie, appétit meilleur. A repris son poids normal qui était de 65 kilogrammes. Travail intellectuel continu, redevenu possible. De même tous les exercices physiques. « Joie de vivre au lieu de dégoût de la vie. »

16 février. Le malade écrit que son état continue à être bon. Les urines sont claires. Les mictions sont faciles mais fréquentes. Elles sont de moins en moins impérieuses. Il ne perd que quelques rares gouttes d'urine par sa plaie périnéale qui n'est pas encore fermée.

PLANCHE IV

Observation de Proust

(Extraite des *Bulletins de la Société de chirurgie*, 14 octobre 1902.)
Rapport de M. Guinard.

M. Irénée Fr..., rentier, âgé de soixante-dix ans, entre à la maison Dubois, le 10 janvier 1902, dans le service du Dr Guinard, chambre n° 8, pour une rétention complète d'urine survenue au cours d'accidents de prostatisme.

Dans le passé urinaire de ce malade, on note une blennorrhagie à l'âge de trente ans. Depuis plusieurs années (huit ans environ au dire du malade), les mictions avaient lieu trois fois la nuit, le jour toutes les trois heures. Ces mictions étaient difficiles, retardées, très difficiles lorsque le besoin n'était pas immédiatement satisfait. Elles devinrent de plus en plus laborieuses ces derniers mois. En même temps, apparut un prolapsus hémorroïdaire sortant au moindre effort.

Le 8 janvier 1902, survint une rétention complète, aiguë. Cathétérisme en ville. Les deux premiers cathétérismes sont faciles, le troisième infructueux; il y eut de l'urétrorragie. Le malade est amené à la maison Dubois, où M. Guinard introduit une sonde-béquille n° 17, qu'il laisse à demeure. L'examen de la prostate ne laisse aucun doute sur le diagnostic.

Les urines sont claires (il n'a jamais été sondé avant cette crise de rétention). Il n'y a pas de fièvre. Le cathétérisme de l'urètre est facilement pratiqué avec une sonde-béquille n° 20; la traversée prostatique est plus longue qu'à l'état normal. La vessie se laisse facilement distendre, et nous pouvons injecter 300 grammes de liquide sans provoquer la moindre réaction. Le liquide injecté revient par la sonde en bavant, ce qui prouve que la contractilité vésicale a au moins momentanément disparu.

Le toucher rectal, après évacuation complète de la vessie, montre une prostate lisse régulière, uniformément augmentée de volume, de consistance ferme, très saillante dans le rectum; le palper combiné permet d'évaluer son volume à celui d'une orange. Le reste de l'appareil urinaire paraît sain; les reins ne sont ni douloureux ni perceptibles. Dans les urines, ni sucre ni albumine. Il y a un volumineux prolapsus hémorroïdaire qui gêne beaucoup le malade et ne peut être maintenu réduit.

A la face, le malade porte la cicatrice résultant de l'ablation d'un épithélioma de la paupière inférieure, il y a deux ans, avec une blépharoplastie faite par M. Nélaton. En somme, crise aiguë de rétention complète chez un prostatique aseptique; resterait à déterminer si, avant cette crise, le malade vidait ou ne vidait pas sa vessie ?

Étant donné le volume de la prostate malgré huit jours de sonde à demeure, la marche fatalement progressive de l'affection, et également la présence de ce prolapsus hémorroïdaire, l'opération est indiquée.

L'opération eut lieu le 17 *janvier* 1902, dans le service du Dr Guinard.

La vessie est lavée, on met une sonde en gomme dans l'urètre. Le malade est placé en position périnéale inversée; en l'absence de table spéciale, on se contente de placer un volumineux coussin sous les tubérosités iliaques, et deux aides, en rabattant les cuisses, amènent le périnée strictement à l'horizontale.

Grande incision prérectale à 2 centimètres au-devant de l'anus, dissection du cul-de-sac du bulbe au bistouri, décollement de l'urètre et du rectum au doigt; arrivée facile et rapide sur la face postérieure de la prostate: on écarte les releveurs de l'anus et on place la valve postérieure. Incision de l'aponévrose prostato-péritonéale et décortification soignée de la prostate: ouverture de l'urètre au bec de la glande; la sonde en gomme est retirée; pose du désenclaveur prostatique. La complète libération de la prostate est alors poussée jusqu'en avant. Décollement facile. Pas d'hémorragie.

Lorsque la prostate est bien isolée, on pratique son hémisection. Ablation tout d'abord du lobe droit; dissection de la paroi urétrale; le lobe, friable, se fragmente, il est enlevé en trois morceaux; un catgut est mis sur le canal déférent. Le lobe gauche est enlevé en deux fragments, le doigt mis dans l'urètre. Pas de lobe moyen. Les lobes latéraux très développés débordent fortement l'urètre en avant. En enlevant le lobe gauche, on fait une petite brèche à l'urètre. Elle est suturée.

Toilette de la plaie. Fermeture incomplète de la section urétrale et drainage cysto-périnéal avec une sonde en gomme n° 21.

On place trois mèches et on ferme incomplètement la plaie périnéale. Poids de la prostate enlevée 55 grammes. Les suites opératoires ont été bonnes, mais non sans incidents. Le malade pendant vingt-quatre heures n'eut que 250 grammes d'urine. Sérum, 1 500 grammes. Température 36°,4.

Le 7 *février*. — Changement de sonde urétrale.

Le 9 *février*. — Changement de sonde urétrale.

Le 11 *février*. — La sonde est tombée, le malade urine spontanément, mais l'urine repasse en partie par le périnée le 13.

Le 14 *février*, on remet une sonde urétrale.

Le 20 *février*, on la change.

Le 25 *février*, on retire définitivement la sonde urétrale.

Le 28 *février*. — Le malade urine spontanément toutes les trois heures. Jet bon. Pas de résidu. De temps en temps envies impérieuses; quelques gouttes d'urine partent involontairement. La plaie périnéale est presque complètement cicatrisée. Le malade est très bien, on l'autorise à sortir le 1er.

Le 10 *mars*, le malade nous écrit que sa plaie périnéale a été complètement cicatrisée le 4 mars et qu'il se porte bien. Il urine toutes les quatre heures le jour et deux fois par nuit, mais toujours sans aucun effort.

Le 25 *mars*, le malade a été présenté à la Société de Chirurgie.

PLANCHE V

Observation de Reynès (communiquée)

par M. le Dr Henry Reynès, chirurgien des Hôpitaux de Marseille.

Hypertrophie prostatique; rétention chronique partielle. Prostatectomie totale périnéale ; ablation de 215 grammes de prostate en trois blocs.

C..., âgé de 70 ans, atteint de dysurie depuis 6 à 7 ans ; se lève 8 à 10 fois la nuit ; a eu diverses poussées de rétention ; en a eu une il y a un mois ; fut traité par cathétérisme. Pas de rétrécissement. Urines un peu catarrhales. État général bon.

Le toucher rectal laisse percevoir une grosse prostate, large, étalée d'un ischion à l'autre, et dont on ne peut arriver à sentir les limites supérieures.

Traitement pré-opératoire : purgations; cachets d'urotropine; lavages de vessie à l'hermophényl et au nitrate d'argent.

Prostatectomie périnéale totale : le 20 décembre 1901. Siège très relevé sur des draps roulés : bonne position. Anesthésie avec le mélange A. C. E. suivant ma formule (chloroforme, deux parties ; alcool absolu, une partie ; éther, une partie)(1).

Je pratique l'opération avec la précieuse assistance de mes collègues les Drs Pluyette et G. Roux de Brignoles.

1° Incision bi-ischiatique prérectale.

2° Arrivée sur le bulbe, reconnu à la vue et au toucher par le cathéter de Syme.

3° Décollement prérectal ; hémorragie assez importante, mais maintenue cependant par tamponnement intermittent ; pas de pinces hémostatiques profondes.

4° Je sectionne un peu les releveurs à droite et à gauche.

5° Hémisection médiane de la prostate et de l'urètre (Proust et Gosset).

6° J'amorce difficilement la séparation de la paroi urétrale et du bloc prostatique gauche (du malade) ; cependant la séparation se fait plus facilement quand il s'agit de décoller la face postérieure de la vessie (zone décollable intervésico-prostatique ; Proust).

7° La prostate est énorme, remonte très haut ; péniblement, à cause de la profondeur, j'enlève le bloc de gauche. Ce bloc enlevé, le bloc de l'autre côté se détache plus facilement, et suivant un plan de clivage capsulo-périprostatique, il s'enuclée en un très gros fragment. Reste un bloc supérieur qui vient aussi après quelques tractions. Les *trois blocs pèsent* 215 *grammes.*

8° Aucune ligature de pédicules ou d'artères.

Gaze iodoformée dans la plaie.

Lavage de la vessie à l'eau très chaude aseptique. Sonde à demeure. Drain vésico-urétro-périnéal.

Je refais l'urètre en grande partie, avec catgut fin, ne

---

(1) H. Reynès. Anesthésie générale par le mélange A. C. E. *Académie de Médecine,* 25 février 1902, et XVe Congrès français de chirurgie, 21 octobre 1902.

laissant que passage du drain. Je ramène contre l'urètre les lambeaux capsulaires péri-prostatiques.

Je retrécis très légèrement la plaie périnéale par un point à droite et à gauche.

Pour amener la prostate vers en bas, j'ai employé comme désenclaveur l'explorateur Thompson : mais en raison de la dimension extraordinaire de la prostate, je n'ai pu arriver à l'abaisser.

J'ai employé l'incision transversale bi-ischiatique, très large ; néanmoins vu le volume de la prostate, j'ai eu à peine le jour et l'espace suffisants ; à l'avenir j'emploierai plutôt une incision en demi-lune à concavité rectale, sorte de fer à cheval, qui permettrait de bien repérer le bulbe, de reconnaître le cap du rectum et de l'éviter.

Suites opératoires. — Guérison opératoire complète.

Résultat thérapeutique un an après : malade a des urines claires ; presque pas de fréquence ; il urine seul, il reste une légère fistulette périnéale avec faible incontinence dans la position verticale.

Délire postopératoire. — Comme trois autres opérés, ce malade a présenté, pendant 15 jours après la prostatectomie, des troubles psycho-cérébraux, caractérisés par des délires, de l'agitation, de la confusion mentale, de l'inconscience : le malade se levait, s'arrachait la sonde, etc. Au bout de 15 à 20 jours, la santé morale revint. J'ai signalé ces faits au dernier Congrès d'Urologie, avec l'histoire de deux autres prostatectomies ; je tiens à remarquer que Freyer, chirurgien de l'hôpital St-Peters (for stoune and urinary diseases) qui, par *voie sus-pubienne,* a publié récemment 14 cas de prostatectomies, dont 13 guéris, en a perdu un de *manie après l'opération* (1).

---

(1) Campiche. *Presse médicale*, n° 90 ; 8 novembre 1902.

PLANCHE VI

Observation de Th. Tuffier (inédite).

Hypertrophie de la prostate avec tumeur intra-urétrale. Début il y a 12 ans. Rétention complète depuis 10 ans. Hématuries et urétrorragies abondantes. Prostatectomie périnéale suivie de cysto-drainage le 19 octobre 1902. Guérison.

G..., âgé de 69 ans, a joui pendant longtemps d'une bonne santé. Il y a douze ans apparurent des troubles de la miction. A cette époque le malade fut vu pour la première fois par MM. Tuffier et Durand-Fardel. Il avait alors de la rétention incomplète. Depuis 10 ans G... ne peut plus uriner seul ; il est obligé de se sonder régulièrement toutes les 6 heures. Il y a quatre ans apparurent des hématuries spontanées ou provoquées par le cathétérisme. Une fois même on fut forcé d'intervenir pour des accidents suraigus de rétention vésicale avec symptômes d'hémorragie interne. La taille hypogastrique, qu'on pratiqua alors, permit d'évacuer les caillots sanguins contenus dans la vessie ; l'exploration vésicale ainsi faite à ciel ouvert ne décela aucune tumeur. Le malade guérit sans incident de cette intervention.

Il resta comme auparavant dans la nécessité de se sonder régulièrement, et au bout de quelques mois les hémorragies reparurent : c'était surtout des urétrorragies habituellement provoquées par le cathétérisme. Celui-ci devint du reste de plus en plus difficile en même temps qu'augmentait la fréquence des urétrorragies.

Le 16 *septembre* 1902, dans la nuit, le malade voulant se sonder provoqua une hémorragie si abondante qu'il fallut envoyer chercher le Dr Desfosses. Le sang coulait par la verge en telle abondance qu'on ne saurait mieux comparer cette urétrorragie qu'à un épistaxis grave. Le Dr Desfosses parvint à sonder le malade mais avec les plus grandes difficultés. Toutes les sondes béquilles venaient buter, en effet, dans la région prostatique. Une sonde fine fut laissée à demeure, et l'hémorragie s'arrêta. Les urines ainsi recueillies ne contenaient pas de sang. Mais une fois la sonde retirée, les accidents hémorragiques se répétèrent avec les tentatives de cathétérisme devenues de plus en plus difficiles. Une fois l'urétrorragie fut si abondante que le sang s'échappa régulièrement de la verge pendant une heure.

En présence de ces accidents l'opération fut décidée.

Le toucher rectal permet de reconnaître une prostate très saillante, environ le volume du poing. Le cathétérisme montre un très notable allongement du canal. Il est si considérable qu'il faut enfoncer les sondes ordinaires absolument jusqu'au pavillon pour évacuer la vessie. G... depuis plusieurs années, du reste, a été forcé de se faire construire des sondes spéciales d'une longueur inusitée.

Opération le 19 *octobre* 1902 par M. Tuffier, aidé par MM. les Drs Proust et Desfosses. Une sonde en gomme est mise dans l'urètre. Le malade est placé en position périnéale inversée.

Incision bi-ischiatique passant deux travers de doigt au devant de l'anus. Le décollement du bulbe, la section de l'attache recto-urétrale se font normalement, mais, avec un saignement notable.

Ouverture de l'espace décollable.

Pose de la valve postérieure.

Incision de l'aponévrose prostato-péritonéale ; dissection de la prostate ; elle est très volumineuse et présente un excellent plan de clivage à sa face externe. Hémisection. L'ouverture urétrale largement suffisante pour laisser passer le doigt part du bec de la prostate et s'arrête avant d'intéresser le col de la vessie.

L'ablation du lobe gauche est faite en premier : il est enlevé en plusieurs fragments. Le lobe droit est enlevé en un seul fragment (pl. VI, fig. 1). Après cette ablation le doigt introduit dans l'urètre prostatique ramène une tumeur *pédiculée* dont *la surface est villeuse.* C'est un véritable champignon : la tige en est grosse comme le doigt ; la tête présente le diamètre d'une pièce de deux francs (pl. VI, fig. 2). Cette tumeur est implantée sur la paroi latérale droite du canal ; c'était vraisemblablement là la cause des hémorragies, et des difficultés du cathétérisme. Un catgut est mis sur le pédicule qu'on sectionne.

Pose d'une sonde urétrale et d'un drain cysto-périnéal le long duquel on rétrécit par deux points la brèche urétrale. Tamponnement périnéal.

Les suites opératoires furent marquées de quelques incidents. Il y eut le 22 et 23 octobre des phénomènes assez graves de rétention stomacale et intestinale ; il y eut des vomissements très abondants. Le tout céda à l'administration de purgatifs.

Localement, tout alla bien les premiers jours. La sonde périnéale fonctionnait convenablement, le pansement n'était pas souillé. Mais la sonde urétrale determinait une vive irritation et une abondante suppuration de l'urètre. Aussi elle fut retirée, et le canal laissé au repos.

Au 10e jour le drain périnéal est retiré et on cherche à placer une sonde à demeure par le canal. Cathétérisme infructueux. On remet un nouveau drain périnéal. Deux jours après on parvient à mettre une sonde à demeure en ayant recours à la manœuvre suivante: une sonde molle est mise par le trajet périnéal jusque dans la vessie ; une autre est introduite par la verge. Toutes deux ressortent au périnée ; on les unit l'une à l'autre et on ramène ainsi jusqu'au gland l'extrémité inférieure de la première sonde. Cette sonde est laissée à demeure. Elle ne draine qu'incomplètement la vessie et le malade souille légèrement sa plaie périnéale. Au bout de deux jours cette sonde se déplace ; on doit remettre un drain périnéal. Huit jours se passent dans ces alternatives ; on met tantôt une sonde urétrale, tantôt un drain périnéal. On parvient à la fin à faire tolérer la sonde à demeure qu'on laisse quinze jours encore.

A partir de cette époque le malade urine seul, sans perdre d'urine par le périnée, mais la plaie périnéale n'est pas encore fermée. G... pisse facilement et sans effort, mais dans l'intervalle des mictions il existe un suintement d'urine assez notable pour entraîner de l'érythème du scrotum.

Malgré cela, l'état général s'améliore rapidement, la plaie périnéale ne suppure pas et la cicatrisation est en bonne voie.

Dès que le malade commence à se lever, les troubles de la miction changent de caractère. La nuit le malade se réveille plusieurs fois pour accomplir ses mictions, mais il ne perd pas une goutte d'urine. Le matin, au contraire, en se levant, il en perd une quantité assez notable, au point que durant sa toilette il est obligé de coiffer sa verge d'une capote pour recueillir cette urine. Dans la journée quand le malade reste assis, la continence est bonne, mais dès qu'il fait un effort brusque, il y a écoulement involontaire d'urine.

Un mois après environ, le 3 janvier, la cicatrisation est complète, le malade reprend sa vie normale. Il est enchanté d'avoir retrouvé la miction spontanée et d'uriner sans sonde. L'état urinaire a fait de grands progrès. Il n'y a plus d'incontinence diurne.

Pendant la première quinzaine de janvier, le malade en se levant se sonde lui-même avec une sonde molle. On lui pratique alors un lavage vésical à l'eau boriquée, car les urines sont devenues troubles.

État le 15 janvier. — G... cesse ses lavages. Le matin en se levant il éprouve un besoin normal d'uriner qu'il satisfait. Il reste alors jusqu'à une heure de l'après-midi sans éprouver de besoin d'uriner. Mais dehors, lorsqu'il vaque à ses occupations, les envies deviennent absolument impérieuses au point que le malade préfère porter un appareil plutôt que de s'exposer à ne pas avoir le temps de satisfaire ces envies. Mais il n'y a pas d'incontinence. Au repos, les besoins ne sont ni si fréquents, ni si impérieux. La nuit, par contre, quoique se levant 4 ou 5 fois pour uriner, le malade perd un peu d'urine et est obligé de se garnir au moyen d'une serviette. Ces différents troubles de la miction vont, du reste, en s'atténuant de jour en jour.

Voici la note concernant la tumeur pédiculée qu'a bien voulu nous remettre M. Mauté, chef du laboratoire de l'hôpital Beaujon :

« L'examen histologique d'un fragment prélevé à la partie supérieure de la tumeur suivant son axe longitudinal, montre qu'il s'agit d'adénome avec culs-de-sacs glandulaires extrêmement dilatés sans prolifération cellulaire. La muqueuse qui la recouvre est abrasée en certains points et toute la partie superficielle de la tumeur est infiltrée de nombreux leucocytes polynucléaires, ce qui indique l'existence d'une infection aiguë ».

MAUTÉ.

TABLE DES MATIÈRES

TABLE DES FIGURES

PLANCHES

CHARTRES. — IMPRIMERIE DURAND, RUE FULBERT.

www.ingramcontent.com/pod-product-compliance
Ingram Content Group UK Ltd.
Pitfield, Milton Keynes, MK11 3LW, UK
UKHW021052230726
13926UKWH00004B/1810